Le tourisme en France

Claude Peyroutet

SOMMAIRE

© Éditions Nathan 1995 pour la première édition
© Éditions Nathan 1998 pour la deuxième édition
© Éditions Nathan/VUEF 2003 pour la présente impression - ISBN 2.09.182458.5

Divisé en six parties, l'ouvrage s'organise par doubles pages.
Chaque double page fait le point sur un thème.

à gauche

Une page synthèse apporte toutes les informations pour comprendre le sujet de la double page.

à droite

Une page explication fait le point, précise, illustre.

Un repérage par thème.

Un titre annonce le sujet de la double page.

Des informations complémentaires, des cartes, des illustrations.

Quelques lignes d'introduction présentent la page.

ÉCONOMIE
INFRASTRUCTURES
TOURISME CULTUREL
TOURISME BLEU
TOURISME VERT
TOURISME MONTAGNARD

La Côte d'Azur

La Côte d'Azur, de Cassis à Menton, attire plus de dix millions de touristes par an, l'été, mais aussi l'hiver. Les infrastructures touristiques sont remarquables : 1er rang pour les campings, les villages de vacances, les résidences secondaires, 2e pour l'hôtellerie et les résidences de tourisme.

La dominante balnéaire

☐ Les atouts géographiques sont considérables : sites remarquables avec vue sur la mer, climat méditerranéen à étés chauds et secs et hivers doux, pas de mistral, végétation qui semble exotique (palmiers, citronniers, oliviers, cyprès...).
☐ Choisies pour leur site de golfe ou de presqu'île, de nombreuses stations traditionnelles sont greffées sur une ville (Nice) ou un petit port pittoresque (Hyères, Menton). Elles comportent un front de mer aménagé (palaces, casino, commerces, promenade) souvent curviligne et, à l'arrière, des quartiers résidentiels en damier. L'architecture victorienne domine. Une riche clientèle cosmopolite a fréquenté ces stations dès leur création à la fin du XVIIIe et durant le XIXe siècle.
☐ Après 1945, le tourisme de masse a entraîné l'extension de nouveaux espaces touristiques sur des stations existantes : construction de lotissements sur les collines en amphithéâtre et prolongements linéaires en bord de mer. Après 1960 apparaissent des marinas : Cogolin, Port-la-Galère, Marina-Baie-des-Anges, Port-Grimaud.
☐ La vie balnéaire repose principalement sur les sports nautiques, la plaisance, la pêche (en mer ou sous-marine). Mais le pôle ludique (casino, jeux) leur est associé. Le tourisme de congrès est lui aussi lié au climat et aux sites.

Le tourisme d'excursion

☐ Sites et paysages côtiers sont variés. De Cassis à Toulon, la côte calcaire prend la forme de calanques, rias aux flancs très abrupts, de falaises et de petites criques. À l'est de la presqu'île de Giens, les schistes gris des Maures et les porphyres rouges de l'Esterel sont déchiquetés en caps et en rades (Toulon-Saint-Tropez). Les golfes de Saint-Raphaël et de Cannes sont majestueux et la célèbre Riviera de Nice à Menton est faite de caps, de presqu'îles et de golfes. Des routes en corniche favorisent le tourisme d'excursions. La visite de Toulon (port militaire, vieille ville, musées) et celle des petits ports de pêche ponctue les circuits.
☐ Les sites intéressants de l'arrière-pays sont très proches de la côte : le Mont-Faron, les Maures et l'Esterel, les villages perchés de l'arrière-pays niçois.

Le tourisme culturel

☐ Les villes et les villages d'art sont très nombreux. Ce sont les ports sur lesquels les stations balnéaires se sont greffées (Antibes) ou les villages perchés de l'arrière-pays, tels Saint-Paul-de-Vence, Èze ou Peillon.
☐ Les musées d'art moderne se trouvent à Saint-Tropez, Vallauris, Antibes, Biot, Saint-Paul-de-Vence, Nice (Chagall, Matisse), Menton, Villefranche-sur-Mer.
☐ Les fêtes et les festivals sont particulièrement nombreux et célèbres, du Carnaval de Nice au Rallye et au Grand Prix automobiles de Monte-Carlo, du Festival de Cannes (cinéma) à celui de Juan-les-Pins-Antibes (jazz).

118

TERRE DE LUMIÈRE, TERRE DE SENTEURS

(carte de la Côte d'Azur)

■ Les marinas

Marina-baie des Anges et Port Grimaud sont des marinas de la dernière génération. Elles sont à la fois mononucléaires (un seul noyau d'hébergement) et unipolaires (un seul pôle : la vie balnéaire autour du nautisme). Mais leur structure et leur architecture les oppose.

– *Marina-Baie-des-Anges*, près de Villeneuve-Loubet, a été conçue par l'architecte A. Minangoy. Il a construit quatre pyramides géantes de béton avec des terrasses en dégradé et des balcons fleuris. Elles jouxtent une plage, une piscine et un port de plaisance. Boutiques et restaurants créent l'animation estivale.

– *Port-Grimaud*, au fond du golfe de Saint-Tro-

pez, a été conçu par l'architecte F. Spoerry. À l'emplacement d'une zone marécageuse, au bas du piton de Grimaud est née cette cité lacustre qui ressemble à un village de pêcheurs provençal, avec ses maisons à un ou deux étages, ses ruelles pavées, sa place principale à arcades. La circulation automobile est interdite mais le « bus nautique » assure les navettes.

119

Les sous-titres permettent de repérer les grands points du sujet.

ÉCONOMIE
INFRASTRUCTURES
TOURISME CULTUREL
TOURISME BLEU
TOURISME VERT
TOURISME MONTAGNARD

Les motivations touristiques

Le désir de pratiquer le tourisme s'explique à la fois par des conditions socio-financières favorables et par l'existence des motivations, inconscientes ou conscientes. L'offre touristique doit tenir le plus grand compte de ces forces psychiques qui orientent les choix et les comportements du touriste.

Les conditions socio-économiques favorables

Le tourisme, en tant que loisir associé à un voyage, s'est démocratisé en France à partir de 1936, avec l'apparition des congés payés. L'élévation générale du niveau de vie depuis les années 50, le progrès des transports ferroviaires et aériens, l'engouement pour l'automobile individuelle l'ont puissamment favorisé : pour un prix très bas, on peut maintenant aller de plus en plus loin de plus en plus vite !

Les motivations inconscientes

☐ Les psychologues et les spécialistes de la publicité et du marketing ont montré que le tourisme correspond à plusieurs motivations inconscientes :

Désir d'évasion	Voyage ou croisière, longtemps rêvés, permettent de fuir un quotidien sclérosant, au travail ou à la maison.
Désir de retour aux origines	La randonnée, le ski et les sports de glisse, comme la visite de parcs naturels ou la simple contemplation des espaces – mer, forêts, montagnes, déserts – assurent un retour symbolique à la nature. Le tourisme culturel de la découverte du patrimoine, des monuments du passé et des écomusées participe de la même motivation de retour aux sources.
Désir sexuel (au sens très large)	Le voyage favorise les rencontres amicales ou amoureuses, exalte les plaisirs sensuels du sable, de l'eau et… de la gastronomie.
Désir du jeu	Le désir du jeu se satisfait des fêtes, des spectacles, des animations. Le touriste adore jouer au marin, au montagnard, à l'explorateur !
Conformisme	La motivation conformiste explique le besoin d'être guidé : on part vers le pays à la mode, on achète un voyage organisé.

☐ La distribution de ces motivations est variable selon les individus, mais la fréquence de certaines a conduit les professionnels du marketing à définir des sociostyles.

Les motivations conscientes

Un certain nombre de motivations conscientes présentes dans le tourisme rejoignent les modes et les valeurs émanant de la société actuelle. Ainsi, il est tangible que la démystification du travail, l'hédonisme ambiant, qui privilégie la santé, les soins du corps, les joies de l'exercice physique et de la connaissance perceptive (voir, écouter, sentir…) ainsi que le désir de connaître un relatif brassage social et d'échapper à la hiérarchie sociale, le temps d'un voyage, renforcent la demande touristique dans les pays développés.

COMPORTEMENTS ET SOCIOSTYLES

■ Le poids de la profession

Les spécialistes du marketing touristique savent que les motivations sont variables selon la catégorie sociale. Ainsi, le besoin d'identification, manifeste chez les cadres moyens, les ouvriers et les employés, est inexistant chez les patrons et les cadres supérieurs. Les premiers ont de plus grands désirs de jeu, de soleil, de réalisation culturelle, désirs d'imitation, aussi, et refus des interdits : ils entendent bien porter des bermudas à fleurs ou sucer une glace à n'importe quelle heure ! Tandis que les patrons rêvent, plus que les autres, de retrouver la nature et de s'évader du carcan familial. En ce qui concerne le besoin d'être pris en charge, celui de tout vérifier concrètement (complexe de St Thomas), et le conformisme esthétique, ouvriers et employés sont au premier rang. Tous se retrouvent à propos du droit au rêve, au farniente complet, à l'évasion du quotidien et tous ont le complexe de Tarzan : ils aiment bien plaire et se plaire...

■ Tourisme et sociostyles

Les études sur les motivations et les choix touristiques déterminés par le niveau des revenus et la catégorie socioprofessionnelle concernent la période précédant le voyage, et rendent donc imparfaitement compte des comportements pendant le voyage ou le séjour. Ces comportements, communs à des segments de la population touristique, constituent des sociostyles, définis par des opinions, des sensibilités, des attitudes face à l'avenir, des activités préférentielles. Différentes stratégies de marketing et différents produits peuvent être mis au point pour chaque sociostyle. Exemple 1. Le chercheur américain Plog oppose deux grands sociostyles : les « psychocentriques » préfèrent les destinations connues, les complexes hôteliers de grande taille, une atmosphère rassurante, les voyages minutieusement organisés, alors que les « allocentriques » préfèrent les destinations insolites, une hôtellerie plus simple, la rencontre avec des étrangers d'une culture différente, des circuits qui laissent beaucoup de libertés. Les touristes seraient répartis selon une courbe de Gauss (en cloche), du psychocentrisme à l'allocentrisme.

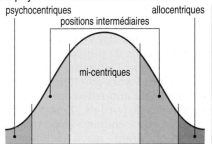

Exemple 2. Une enquête conduite par l'économiste français R. Lankar en 1985 montre que les pays méditerranéens du nord n'attirent pas les mêmes sociostyles que ceux du sud.

Sociostyles	Pays méditerranéens du nord	Pays méditerranéens du sud
Aventuriers	10 %	4 %
Villégiateurs	40 %	80 %
Culturels	25 %	8 %
Congressistes	1 %	1 %
En forme/santé	7 %	2 %
Récréationnistes	17 %	5 %

■ Le tourisme comme retour aux mythes

La pratique touristique se rattache à la mythologie. Ainsi, Aphrodite, déesse au corps superbe, est-elle présente dans le tourisme balnéaire, aux côtés d'Eros et de Poséidon. Minerve, nous guide vers les musées tandis que la marche en montagne fait rêver aux mythes de l'Olympe.

ÉCONOMIE

INFRASTRUCTURES

TOURISME CULTUREL

TOURISME BLEU

TOURISME VERT

TOURISME MONTAGNARD

Le tourisme en Europe

Le tourisme en Europe s'évalue en termes de foyers ou de pôles récepteurs, de foyers émetteurs et de flux. L'héliotropisme et la ruée vers « l'or blanc » attirent des flux considérables vers la Méditerranée, l'Atlantique et l'arc alpin, mais le tourisme culturel dans les villes est aussi intense.

Les pôles méditerranéens

☐ Les foyers récepteurs sont les grands pôles côtiers, qui connaissent la plus grande concentration touristique du monde. Ce sont la Côte d'Azur, la Riviera italienne et la Côte des Lidi, de Venise à Rimini, la Costa Brava et la Costa del Sol espagnoles, les îles grecques. La zone méditerranéenne attire aussi par ses grands pôles culturels urbains, la plupart proches de la mer : Rome, Venise, Florence, Grenade, Cordoue, Tolède, Lisbonne, Athènes.

☐ L'étude des foyers émetteurs et des flux montre que les 150 millions de touristes qui fréquentent annuellement ces pôles méditerranéens sont originaires des pays industrialisés du nord de l'Europe (Grande-Bretagne, Allemagne, Belgique, Hollande, Suède) ; ils « descendent » selon trois grands vecteurs : le vecteur Rhin-Rhône-Méditerranée, qui draine aussi les Français, le vecteur danubien et alpin, par les cols, vers l'Italie et la Grèce (ferries de Bari ou Brindisi), le vecteur sud-oriental vers la Grèce. Les autres touristes sont des Américains et des Japonais.

Les pôles d'Europe occidentale

☐ Les foyers récepteurs sont les grands pôles côtiers atlantiques : Pays basque (France et Espagne), Aquitaine, Vendée et Bretagne. Les concentrations sont moindres sur les côtes de la Manche et de la mer du Nord (Deauville, Brighton, Blackpool et Ostende). De très grands pôles urbains ont une énorme importance touristique. C'est le cas de Paris qui, avec 100 000 touristes par an par km^2, détient le record mondial de densité, mais aussi de Chartres, de Reims et de Versailles. C'est enfin le cas de Londres et de ses filleules, Oxford et Cambridge, Amsterdam, Bruxelles, Berlin, Copenhague et Stockholm.

☐ Un vecteur ouest est utilisé par les Européens du Nord (Scandinaves, Anglais, Allemands, etc.) pour gagner les régions balnéaires, du Portugal à la mer du Nord. Il passe par Paris, l'Île-de-France et les châteaux de la Loire. Les grands pôles urbains n'en sont jamais très éloignés. Les touristes nationaux, les Américains et, de plus en plus, des touristes venus des pays méditerranéens, constituent des flux d'appoint.

Les pôles de l'Europe alpine

L'engouement pour le ski mais aussi pour la nature montagnarde (tourisme estival) explique le succès des zones de sports d'hiver (Alpes françaises, au premier rang, Alpes valaisanes, bernoises, valdoraines, Dolomites) et des régions lacustres. Elles reçoivent, l'hiver, 15 millions de touristes.

Les pôles d'Europe de l'Est

Les foyers récepteurs sont principalement les pôles côtiers de la mer Noire, avec 15 millions de touristes, et les grandes capitales en raison de l'attrait culturel.

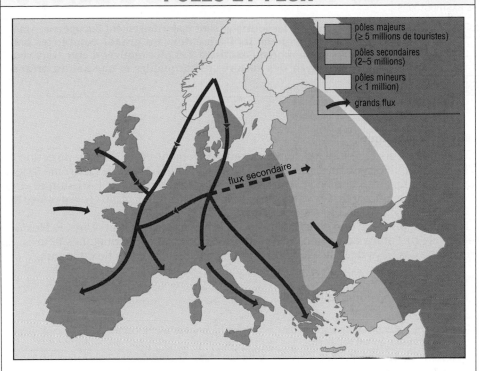

pôles majeurs
(≥ 5 millions de touristes)

pôles secondaires
(2–5 millions)

pôles mineurs
(< 1 million)

grands flux

flux secondaire

■ Des pôles et des flux mineurs

Le flux ligérlen, à destination des châ-teaux de la Loire, représente plus de 2 millions de touristes, mais il n'est pas autonome : on vient de Paris ou bien on s'arrête sur la route du Sud.

L'Irlande a triplé le nombre de ses visi-teurs en quinze ans (Anglais et, de plus en plus, Européens).

Les pays scandinaves, malgré leur mau-vaise réputation climatique, attirent près de 5 millions de touristes pour l'origina-lité des paysages marins et le dépayse-ment procuré. Les flux touristiques concernent les pays scandinaves eux-mêmes, les Allemands et les Britanniques.

■ Les touristes étrangers en Europe

Près de 5 millions d'Américains, suivis des Canadiens et des Japonais, sont atti-rés par les richesses culturelles et les sites de l'Europe autant que par les magasins de luxe des grandes villes.

■ Le tourisme à l'Est

En Europe de l'Est, le tourisme est moins développé qu'à l'Ouest pour des raisons économiques ou politiques. Toutefois, les flux vers la côte balte, la mer Noire, les Carpathes s'amplifient. On peut aussi noter l'engouement occidental pour Prague, Budapest et Saint-Pétersbourg.

ÉCONOMIE
INFRASTRUCTURES
TOURISME CULTUREL
TOURISME BLEU
TOURISME VERT
TOURISME MONTAGNARD

Le tourisme hors d'Europe

Hors d'Europe, les touristes sont majoritairement Européens, Américains et Japonais. Ils fréquentent les grands complexes balnéaires et cherchent l'exotisme. Les plus motivés d'entre eux veulent découvrir des cultures remarquables et une nature préservée.

▬▬▬▬ L'Amérique

☐ Les États-Unis et le Canada sont des pays fortement émetteurs en direction de l'Europe (5 millions de touristes), du Mexique (3,5 millions) et de l'Extrême-Orient. Les grands flux intérieurs concernent les stations balnéaires de l'Atlantique et du Pacifique, quelques grandes villes, des sites naturels et des *resorts* (c'est-à-dire des complexes hôteliers, ludiques, sportifs).

☐ Grâce au privilège que constitue pour lui la proximité des États-Unis, le Mexique bénéficie de l'afflux américain, y compris pour des visites de quelques heures. En revanche, les pays de l'Amérique du Sud n'accueillent que des flux mineurs.

▬▬▬▬ L'Afrique

☐ Les pays sud-méditerranéens.

Maroc	2 millions de touristes. Pôles : stations balnéaires (Al Hoceïma, Agadir), cités impériales, le Sud saharien.
Algérie	Tourisme balnéaire dans les villages-clubs et les villages balnéaires intégrés, conçus par de grands architectes respectueux de l'art musulman (Tipasa, Zeralda, Sidi-Ferruch). Ce tourisme réservé et fermé concerne 300 000 estivants.
Tunisie	2 millions de touristes. Pôles : complexes touristiques balnéaires (Hammamet, Monastir, Djerba).
Égypte	5 millions de touristes pour la mythique vallée du Nil, les temples et les pyramides.
Israël	3 millions de touristes attirés essentiellement par Jérusalem (Lieux saints).

☐ En Afrique Noire, des complexes hôteliers internationaux se sont implantés, notamment au Sénégal et en Côte d'Ivoire, et sont fréquentés surtout par des Européens. Deux essais originaux et concluants : en Casamance, la population est associée à l'accueil, au Kenya, les réserves animales permettent les safaris-photos.

☐ En Afrique du Sud, la fin de l'apartheid permettra à ce pays de valoriser ses indéniables attraits (sites, villes, nature, vignoble).

▬▬▬▬ L'Asie

Les principaux flux émetteurs extrême-orientaux sont issus du Japon : 11 millions de Japonais choisissent l'Europe, les États-Unis ou l'Asie du Sud-Est. Le Japon connaît d'autre part une importante croissance du tourisme intérieur.

☐ L'Extrême-Orient reçoit un flux important d'Européens, d'Américains et de Japonais. Les pôles essentiels sont Hong Kong, Singapour, la Thaïlande (qui reçoivent chacun 5 millions de touristes), la Chine populaire (en quinze ans, le nombre de touristes a quadruplé, passant à plus de 2 millions par an).

☐ L'Inde et Ceylan reçoivent des flux modestes d'Européens et d'Américains.

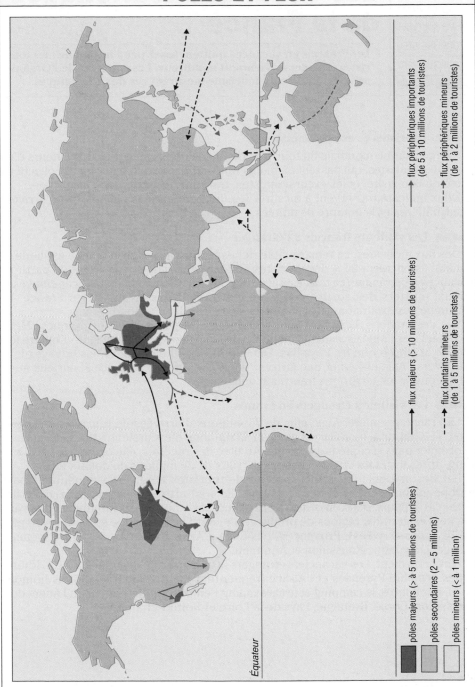

pôles majeurs (> à 5 millions de touristes)

pôles secondaires (2 – 5 millions)

pôles mineurs (< à 1 million)

flux majeurs (> 10 millions de touristes)

flux lointains mineurs (de 1 à 5 millions de touristes)

flux périphériques importants (de 5 à 10 millions de touristes)

flux périphériques mineurs (de 1 à 2 millions de touristes)

Équateur

Les échanges touristiques de la France

Les Français en vacances quittent assez peu l'hexagone ; les touristes étrangers y viennent nombreux. Les enquêtes de l'Organisation mondiale du tourisme mesurent ces flux touristiques.

▬▬▬ Touristes et excursionnistes

□ L'Organisation mondiale du tourisme distingue deux catégories de visiteurs d'un pays : les touristes, qui passent au moins une nuit dans un hébergement collectif ou privé du lieu visité, et les excursionnistes, qui sont des visiteurs à la journée.

□ Deux indicateurs servent à mesurer les flux touristiques : le nombre d'arrivées aux frontières et le nombre de nuitées.

▬▬▬ Les visiteurs français à l'étranger

□ Des flux modestes. La remarquable richesse touristique de la France explique ce constat : seulement 20 % des touristes résidant en France choisissent de partir en vacances à l'étranger (ce taux est de 60 % pour les Allemands ou les Scandinaves !). Mieux, un tiers des sorties concerne les travailleurs étrangers en France. En revanche, les excursionnistes sont près de trois fois plus nombreux.

□ Les destinations. Les choix sont nettement européens et héliotropiques (Méditerranée) : les Français visitent cinq fois plus l'Espagne que l'Allemagne et quatre fois plus le Maghreb que les Pays-Bas. Depuis une dizaine d'années, les voyages lointains vers l'Asie et l'Amérique attirent de plus en plus les Français, curieux aussi de découvrir les territoires français d'outre-mer.

▬▬▬ Les visiteurs étrangers en France

□ La France première. Avec plus de 75 millions d'arrivées de touristes étrangers (soit 11 % du total mondial) et environ 53 millions d'excursionnistes, la France est le premier pays récepteur du monde. Au titre des recettes, elle occupe le troisième rang, après les États-Unis et l'Italie, avec plus de 30 millions de dollars E.U.

□ Les destinations. Les principaux flux de touristes étrangers viennent des pays européens limitrophes et des États-Unis. Ils sont attirés d'abord par la visite des villes (31 %) puis, dans un ordre décroissant, par le littoral, la montagne et la campagne. Les grandes régions de prédilection sont l'Île-de-France et Paris (avec plus de 20 % des arrivées), Provence-Alpes-Côte d'Azur, Rhône-Alpes, Midi-Pyrénées, Alsace, Languedoc-Roussillon et Aquitaine.

□ L'hébergement. Les vacanciers étrangers attirés par l'Île-de-France, PACA, Rhône-Alpes, les Midi-Pyrénées et l'Alsace fréquentent massivement les hôtels homologués. Par contre, le camping et le caravaning l'emportent nettement en Languedoc-Roussillon, Corse, Bretagne, Pays-de-la Loire et Poitou-Charentes.

Motifs touristiques

Les motifs de la visite d'un touriste sont classés en six catégories :
- Loisirs, vacances, détente.
- Visites à des parents et/ou des amis.
- Santé : thermalisme, thalassothérapie.
- Affaires et motifs professionnels.
- Missions ou réunions diverses.
- Autres : voyages scolaires, manifestations sportives, pèlerinages...

Séjours et vacances

Lorsqu'un touriste passe 1 à 3 nuits dans un hébergement collectif ou privé du pays visité, il s'agit d'un séjour. Pour une durée supérieure à 3 nuits et inférieure à 1 an, on parle de vacances. Certaines vacances peuvent aussi correspondre à une addition de séjours.

Séjours des Français à l'étranger (2000)

Pays	Nombre de séjours[1]	D.M.S. [2]
Europe dont :	9,8	7,2
Allemagne	0,7	5,5
Belgique, Luxembourg	0,7	4,3
Espagne	2,6	8,6
Grande-Bretagne, Irlande	1,0	6,2
Italie	1,8	6,8
Afrique	2,5	8,8
Amérique	1,5	12,4
Asie, Océanie	0,8	12,2
Total étranger	14,7	8,4

(1) En millions ; (2) D.M.S. : durée moyenne de séjour exprimée en nuitées.

Source : SDT - Direction du tourisme – Sofres 2001.

Depuis 1995, on enregistre un léger tassement du total des séjours à l'étranger. La chute concerne l'Europe (de 11,9 à 9,8) et, plus faiblement, l'Asie et l'Océanie. En revanche, le nombre de séjours progresse pour l'Amérique et, surtout, l'Afrique (de 1,4 à 2,5 !).

Les arrivées et les nuitées des étrangers en France (2000)

Le tableau ci-dessous permet de comparer les arrivées des étrangers en France en 1996 et en 2000 (exprimées en milliers). On constate une augmentation sensible, autour de 2000, pour tous les pays, hormis la Suisse et les pays nordiques.

En 2000, les dix premiers marchés touristiques de la France pour les nuitées étaient, en pourcentage et par ordre décroissant, l'Allemagne (21,4 %), les Îles britanniques, les Pays-Bas, l'UEBL, l'Italie (7,7 %), suivis par les États-Unis, la Suisse, l'Espagne, les pays nordiques et le Japon (0,7 %). En cinq ans, de 1994 à 1999, une tendance à la hausse s'est affirmée pour l'Allemagne (+ 2,4 %), les Pays-Bas (+ 3,4 %), l'UEBL (+ 2,6 %), les États-Unis (+ 0,8 %). Inversement, une évolution à la baisse a concerné les six autres pays, forte pour les Îles britanniques (- 3,2 %) et l'Espagne (- 1,8 %), mais négligeable pour le Japon.

Pays d'origine	Arrivées en 1996 [1]	Arrivées en 2000 [1]
Europe de l'Ouest	**33 043**	**40 809**
Allemagne	13 378	15 420
Pays-Bas	8 115	11 819
UEBL	7 375	9 482
Suisse	3 737	3 785
Europe du Nord	**11 245**	**13 331**
Îles britanniques	9 926	12 127
Pays nordiques	1 319	1 204
Europe du Sud	**8 805**	**10 665**
Espagne	2 759	3 228
Italie	5 299	6 464
Autres pays	827	1 060
Amérique du Nord	**3 079**	**3 834**
États-Unis	2 603	3 259
Canada	476	575
Amérique latine	**1 112**	**1 219**
Asie de l'Est/ Pacifique	**1 986**	**2 423**
Japon	578	585
Autres pays	1 408	1 738

(1) En milliers.

Source : estimation Direction du tourisme – Memento du tourisme (2001).

ÉCONOMIE

INFRASTRUCTURES

TOURISME CULTUREL

TOURISME BLEU

TOURISME VERT

TOURISME MONTAGNARD

La demande touristique intérieure

Grâce à l'amélioration générale du niveau de vie, les Français partent trois fois plus en vacances que dans les années 60. Et ils choisissent massivement la France, à plus de 80 %.

Les caractères structurels de la demande

□ Le nombre de personnes parties au moins une fois en vacances a plus que triplé de 1960 à nos jours et le taux de départ se situe autour de 75 %. Les zones réceptrices ont dû s'adapter, investir, aménager pour accueillir ces flux.

□ Les habitudes confèrent une relative stabilité au système des vacances : concentration estivale, attrait des côtes méditerranéennes, vacances dans la région de résidence pour un tiers de citadins, clivages sociaux dans l'utilisation des hébergements : les ouvriers, les cadres moyens et les employés en camping ou en villages de vacances, les cadres supérieurs à l'hôtel, en location ou dans leur résidence secondaire. Toutefois des changements apparaissent : déclin du train, du tourisme urbain, des vacances chez les parents et les amis, du recours à l'hôtellerie, réduction de la durée moyenne de séjour en été au profit d'un départ en vacances d'hiver.

La saisonnalité française

□ La vague estivale est une déferlante avec plus de 200 millions de journées de vacances en juillet et près de 380 millions en août. Les départs de l'hiver et du printemps paraissent plus modérés : 50 millions de journées en décembre, 35 millions en février, 40 millions en avril.

□ Cette saisonnalité est préoccupante : la concentration des vacances estivales entre le 1er juillet et le 15 août a des effets déplorables. Sur l'économie d'abord : un tiers seulement des entreprises pratique l'étalement des vacances, les autres ferment totalement ou presque. Sur les transports ensuite : les gares et les aéroports sont saturés, de nombreux bouchons bloquent les routes et même les autoroutes. Sur l'accueil enfin : les équipements sont saturés et les hébergements refusent du monde, les services deviennent déficients et… les autochtones développent des attitudes de rejet !

Les inégalités d'accès au tourisme

Cinq séries de causes peuvent expliquer le non-départ en vacances :

Obstacles budgétaires	Ils concernent surtout les catégories socio-professionnelles défavorisées et les chômeurs. Ainsi, les ouvriers partent quatre fois moins en vacances d'hiver et une fois et demie moins en vacances d'été que les cadres supérieurs.
Obstacles professionnels et techniques	Ils concernent les agriculteurs, les artisans, les commerçants et les chefs d'entreprise. Il leur est en effet difficile de se faire remplacer.
Obstacles physiologiques	Malgré l'essor récent des vacances pour le « 3e âge », on part moins à 75 ans qu'à 40 ! Les problèmes de santé, les handicaps permanents restent des obstacles majeurs de non-départs.
Obstacles psychologiques	Ce sont, par exemple, la peur de quitter son cocon, la nécessité d'entretenir sa maison, le refus de l'esprit moutonnier des vacanciers moyens…

LES COMPORTEMENTS DES CATÉGORIES SOCIOPROFESSIONNELLES

■ Cadres supérieurs, professions libérales, enseignants

Ils bénéficient de bons revenus et sont titulaires de diplômes d'un niveau élevé. Ils détiennent le record des départs (85 % en été, 63 % en hiver) et de la durée (près de 40 jours) et sont souvent propriétaires d'une résidence secondaire. Les spécialistes du marketing les considèrent comme des couches sociales pilotes.

■ Cadres moyens

Ce terme, un peu flou, s'applique à certains ingénieurs ou techniciens supérieurs, aux chefs de service, aux fonctionnaires. Ils ont les mêmes habitudes que les cadres supérieurs, mais avec des vacances plus courtes (30 à 35 jours) et des taux de départ moindres. Les cadres moyens prennent peu de vacances d'hiver (45 %) et possèdent moins de résidences secondaires que les cadres supérieurs.

■ Artisans et commerçants

Depuis les années 60, ils partent volontiers en vacances, d'où la fermeture de beaucoup d'entreprises et de magasins au mois d'août. Taux de départ : 30 % en hiver et 55 % en été.

■ Employés et ouvriers

Les employés, dont les taux de départ sont comparables à ceux des cadres, avec 35 % en hiver et 72 % en été, recherchent des solutions d'hébergement économiques : parents ou amis, villages de vacances ou maisons familiales, camping, gîtes ruraux. Les ouvriers, dont les revenus sont comparables, ont des taux de départ plus faibles (16 % en hiver et 53 % en été). Ils utilisent les villages de vacances, l'hébergement chez les parents ou amis, le camping.

Ouvriers et employés choisissent la mer en priorité, la campagne venant en seconde position.

■ Agriculteurs

Cette catégorie recouvre des situations fort différentes. Si le petit agriculteur se passe souvent de vacances, le riche viticulteur et le céréalier capitaliste de Beauce fréquentent les sports d'hiver. Pour la majorité, les taux de départ ont augmenté.

■ Retraités

Beaucoup découvrent les délices des loisirs, malgré leurs ressources faibles, grâce aux clubs et aux associations. Ils peuvent bénéficier des tarifs attrayants de basse saison.

Étaler les vacances

Contrairement à ce que pensent la plupart des Français, diverses enquêtes montrent qu'ils sont près de 12 millions à pouvoir choisir librement la période des congés et que les contraintes des vacances scolaires n'interviennent que pour 10 à 20 % des ménages. En fait, la concentration estivale s'explique par des pesanteurs sociologiques : les entreprises craignent les coûts occasionnés par l'étalement (probablement entre 0,5 % et 1 % du chiffre d'affaires) ; le calendrier scolaire reste rigide ; les professionnels de l'hébergement s'accommodent des alternances actuelles de périodes de pointe et de périodes de repos. Toutefois, pour éviter un blocage estival complet, il faudra bien prendre un jour les mesures appropriées : étalement des départs dans les grandes entreprises où des mesures ont déjà été testées, organisation des rythmes scolaires selon une alternance travail (7 semaines)/congé (2 semaines), incitation à maintenir ouverts toute l'année les équipements d'accueil.

ÉCONOMIE

INFRASTRUCTURES

TOURISME CULTUREL

TOURISME BLEU

TOURISME VERT

TOURISME MONTAGNARD

La répartition de la demande intérieure

La répartition des touristes en France s'étudie selon les catégories socioprofessionnelles, les transports et les hébergements, les régions de provenance et de destination, les modes de vacances.

Les vacances d'hiver

☐ Près de 30 % des Français prennent des vacances d'hiver. Les cadres et professions libérales sont nettement en tête, suivis des cadres moyens et des employés.
☐ Les régions émettrices sont dans l'ordre : l'Île-de-France (taux de départ de 45 %), les Pays de la Loire, Provence-Alpes-Côte d'Azur, Midi-Pyrénées, Rhône-Alpes. La lanterne rouge est le Nord-Pas-de-Calais. Au nombre des régions réceptrices, Rhône-Alpes est de loin la première avec près de 5 millions de séjours d'au moins 4 jours consécutifs, immédiatement suivie par Provence-Alpes-Côte d'Azur (2 millions et demi de séjours).
☐ L'automobile (77 % des déplacements touristiques) et le train (17 %) sont nettement en tête des transports. Les résidences des parents et amis, principales ou secondaires, représentent 60 % de l'hébergement, suivies par les résidences secondaires. L'hôtellerie n'accueille que 6,5 % des vacanciers en hiver.

Les vacances d'été

☐ Près de 57 % des Français prennent des vacances d'été. Les cadres supérieurs et professions libérales sont nettement en tête (85 %), suivis des cadres moyens. Les ouvriers partent beaucoup plus en été qu'en hiver. Quant aux agriculteurs, mobilisés par les travaux d'été, ils partent peu.
☐ Les régions émettrices sont, dans l'ordre : l'Île-de-France (taux de départ de 76 %), Rhône-Alpes, la Franche-Comté, le Centre, les Pays de la Loire (56 %). Les taux les plus bas : la Lorraine (35 %), l'Auvergne (40 %) et Poitou-Charentes (44 %).
☐ La région Provence-Alpes-Côte d'Azur occupe le premier rang des régions réceptrices avec plus de 5 millions de séjours, suivie de près par le Languedoc-Roussillon, la Bretagne, la région Rhône-Alpes et l'Aquitaine. On constate la prépondérance de la mer et de la montagne.
☐ L'automobile est choisie par 85 % des touristes. Loin derrière se trouvent le train (8,8 %), l'avion (2,8 %) et le car (2,5 %). Les résidences principales ou secondaires sont le moyen d'hébergement prioritaire (37 %). Locations et camping-caravaning suivent : 18 % chacun. Bien modestes sont les performances des hôtels (5 %), celles du tourisme associatif (4,5 %), et celles des voyages organisés.

Les modes de vacances

	Mer	Montagne	Campagne	Ville	Circuit
Hiver	20,4 %	30,7 %	28,4 %	18,4 %	2,1 %
Été	47,3 %	15,3 %	25,6 %	6,5 %	5,3 %

Source : Direction du tourisme

14

LES MIGRATIONS TOURISTIQUES INTÉRIEURES

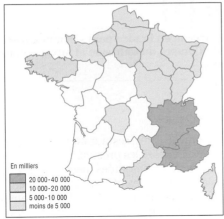

En milliers
- 20 000 - 40 000
- 10 000 - 20 000
- 5 000 - 10 000
- moins de 5 000

■ Journées de vacances d'hiver

La première place occupée par Rhône-Alpes et Provence-Alpes-Côte d'Azur s'explique par l'importance des sports d'hiver dans les Alpes, région la mieux équipée de France, mais aussi par le tourisme d'hiver sur la Côte d'Azur.

Le deuxième rang occupé par le Languedoc-Roussillon et la Bretagne, régions balnéaires, et l'Île-de-France (tourisme culturel) ne surprend que si l'on oublie que l'hiver, au sens de l'Observatoire national du tourisme, couvre aussi septembre et l'époque des vacances de printemps.

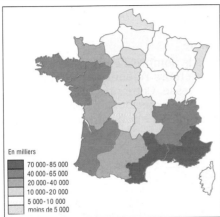

En milliers
- 70 000 - 85 000
- 40 000 - 65 000
- 20 000 - 40 000
- 10 000 - 20 000
- 5 000 - 10 000
- moins de 5 000

■ Journées de vacances d'été

La France de la mer et du soleil l'emporte nettement. Toutefois, les Alpes et les Pyrénées connaissent un tourisme d'été actif. On notera la faible fréquentation de l'Alsace, du Nord-Pas-de-Calais et du Limousin, malgré leurs attraits touristiques riches et variés.

Les régions réceptrices se situent à l'ouest d'une ligne Le Havre – Nice. Les flux les plus massifs concernent les rivages méditerranéen, breton et vendéen au premier rang, normand et landais au second.

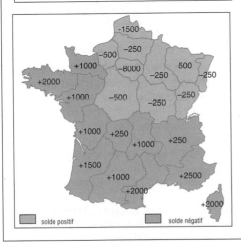

solde positif   solde négatif

■ Les flux touristiques nets l'été

Le solde des flux touristiques interrégionaux, positif ou négatif, est exprimé en milliers de jours de vacances.

Les régions à solde positif se situent à l'ouest de la ligne Le Havre – Nice. Ces régions englobent les zones littorales les plus fréquentées. Les Alpes du Nord, le Jura et les Vosges, dévalorisées l'été, prennent leur revanche l'hiver !

Le solde étonnamment négatif de l'Île-de-France est dû aux énormes migrations parisiennes.

ÉCONOMIE

INFRASTRUCTURES

TOURISME CULTUREL

TOURISME BLEU

TOURISME VERT

TOURISME MONTAGNARD

Le poids économique du tourisme (1)

Le poids économique du tourisme en France peut s'évaluer grâce aux enquêtes de l'INSEE, du Compte du tourisme et aux données de la balance des paiements.

Les secteurs de la production touristique

☐ Les secteurs directement touristiques sont les hôtels, cafés, restaurants, les campings et les autres hébergements de nature lucrative, les agences et les prestataires de voyages, les transports, les wagons-lits, les divers aménagements (remontées mécaniques, ports de plaisance), les services des stations thermales, et enfin, les offices de tourisme.

☐ Certains secteurs y sont toutefois associés ; le tourisme sollicite indirectement tous les autres secteurs économiques : l'agriculture (restauration, achats personnels), l'industrie du bâtiment, la construction de bateaux, la fabrication de caravanes, de planches à voile, de skis, de textiles, etc.

Évaluation de la production touristique

☐ On évalue la production touristique à travers le nombre d'entreprises et le chiffre d'affaires hors TVA. En douze ans, pour les secteurs retenus dans le tableau, on constate que le nombre d'entreprises (E) progresse. Cette progression est importante pour les restaurants, hôtels, hôtels-restaurants, spectaculaire pour les agences de voyage. Le nombre de cafés, qui a décru jusqu'en 1995, a retrouvé progressivement le niveau de 1992.

Secteurs d'activité	1992		1996		1998	
	E	C.A.	E	C.A.	E	C.A.
Restaurants, cafés-restaurants	165 773	34 430,76	158 630	36 062,43	174 529	44 001,67
Cafés, débits de boissons	59 589	5 296,54	47 148	3 915,96	49 829	5 296,69
Hôtels, hôtels-restaurants	29 332	10 313,51	28 561	10 538,80	30 236	13 225,26
Agences de voyages	2 569	6 700,74	3 035	8 150,69	3 431	9 644,08

E : Nombre d'entreprises   CA : Chiffres d'affaires en millions d'euros.

Source : Insee Enquête annuelle d'entreprise dans les services-Direction du Tourisme-Mémento du tourisme 2001.

☐ Le chiffre d'affaires de la production touristique dépend aussi des investissements. Leur croissance est continue dans les secteurs suivants : ports de plaisance, remontées mécaniques, parcs de loisirs, thalassothérapie, golfs, casinos, centres de congrès, aménagements de plages.

Le rapport des produits financiers

☐ La taxe de séjour perçue en 1999 a rapporté 103 millions d'euros, dont près de 25 % reviennent à l'Île-de-France, 18 % à la PACA, 17,7 % à Rhône-Alpes, 8,4 % au Languedoc-Roussillon et 7,6 % à l'Aquitaine. Les meilleurs apports concernent les zones littorales ou montagneuses.

☐ Le produit brut des jeux dans les casinos doit être pris en compte. Arrivent en tête Provence-Alpes-Côte d'Azur (137 millions d'euros) et Rhône-Alpes (122 millions), mais la Basse-Normandie occupe la troisième place (61 millions).

LA CONCENTRATION DES ENTREPRISES

■ L'hôtellerie

Les structures artisanales ont leur importance. La part de l'emploi non salarié, malgré sa régression rapide, reste la plus élevée du secteur tertiaire (30 %) et 70 % des entreprises emploient moins de 5 salariés. Actuellement, 50 % des salariés travaillent dans des entreprises de moins de dix salariés !

Le mouvement de concentration a été facilité par l'entrée en scène des banques et d'entreprises diverses (transport, presse, compagnies d'assurances, etc.), d'où la constitution de groupes dominants possédant de grandes chaînes hôtelières intégrées : Accor (88 000 chambres), Pullman International Hotels (35 000), qui vient de fusionner avec Accor, Groupe du Louvre (33 000), Méridien (20 000)...

L'ANRHA, Association nationale des restaurants et hôtels d'autoroute rassemble depuis 1980 la totalité des établissements autoroutiers (près de 4 000 salariés). Différentes formules sont proposées, de la cafétéria au service à table, de la vente à emporter aux boutiques de produits régionaux. Chaînes représentées : Formule 1, Relais l'Arche, Café Route, Bœuf jardinier, Forte travelodge, Ibis.

■ Clubs et villages de vacances à but lucratif

Le Club Méditerranée, créé en 1950, détient la première place avec une offre de 130 000 lits. Il est devenu un groupe puissant en pleine expansion, qui possède 139 villages vacances et qui étend ses activités aux résidences de loisirs et à l'organisation de voyages.

■ L'immobilier de loisirs

La société Pierre et Vacances est la première dans le secteur de l'immobilier de loisirs : plus de 15 000 appartements vendus et 70 000 lits en location (le tiers du total national).

PIERRE & VACANCES

Les stations de ski intégrées de la troisième génération (à partir de 1960) ont été réalisées grâce à un choix délibéré : confier la construction immobilière et la réalisation des remontées à un seul promoteur. Cette concentration était d'autant plus nécessaire que les investissements, considérables en ce domaine, ne produisent des bénéfices qu'après dix ans.

Sur le littoral, les grands aménagements du type Languedoc-Roussillon n'étaient envisageables que si on les confiait à des entreprises très concentrées.

■ Les industries annexes

Le secteur de l'équipement du skieur (45 % du chiffre d'affaires du secteur de l'équipement sportif) est dominé par de grandes firmes françaises : Rossignol-Dynastar pour le ski alpin (30 % du marché mondial), Salomon pour les fixations (44 %) et les chaussures de ski.

GROUPE SALOMON

La plaisance produit annuellement 70 000 bateaux, dont 30 % sont exportés. 150 constructeurs occupent le marché (30 000 emplois).

Club Med

ÉCONOMIE

INFRASTRUCTURES

TOURISME CULTUREL

TOURISME BLEU

TOURISME VERT

TOURISME MONTAGNARD

Le poids économique du tourisme (2)

Les données de la balance touristique extérieure indiquent la place du tourisme français dans le monde. La consommation touristique intérieure est analysée par le Compte du tourisme.

■■■■■ La balance touristique extérieure

□ La balance touristique extérieure comptabilise les flux de recettes et de dépenses entre la France et le reste du monde. Elle renseigne sur le poids du tourisme.

□ Les résultats sont encourageants. Avec près de 34 millions d'euros, la France occupe le troisième rang mondial pour le total des recettes touristiques, après les États-Unis et l'Espagne. Le solde recettes-dépenses, qui croît régulièrement (14 milliards d'euros en 2000), dépasse celui des produits agro-alimentaires et des matériels de transport terrestre. Il est régulièrement bénéficiaire depuis 1963. D'autres sources de devises se sont développées, par exemple l'exportation de technologie et d'ingénierie touristiques (grandes chaînes hôtelières).

■■■■■ La consommation touristique intérieure

□ Le Compte du tourisme s'appuie sur des recherches conduites par l'Administration du tourisme permettant d'évaluer les flux touristiques et les dépenses de consommation. Ces analyses donnent aux professionnels et au gouvernement les moyens de comparer les bilans français et européens et une aide pour la décision.

□ Quatre agrégats touristiques sont retenus par le Compte du tourisme. Ils analysent les dépenses des touristes français et étrangers en France. Ce sont :

– T0 : consommation auprès des activités marchandes caractéristiques – hôtels, restaurants, cafés, loisirs touristiques, services d'organisation de voyages.

– T1 : consommation liée aux séjours. Elle comprend l'agrégat T0, les dépenses en hébergements non marchands, l'alimentation, les achats de biens durables…

– T2 : consommation touristique intérieure. Elle comprend l'agrégat T1 ainsi que le transport du domicile au séjour, les achats préalables aux voyages, la consommation de services touristiques non marchands.

– T3 : consommation touristique et paratouristique. Elle comprend l'agrégat T2 ainsi que les dépenses auprès des activités caractéristiques du tourisme.

□ Valeur des agrégats. T0 représente 40,5 milliards d'euros, T1 71,5, T2 96, T3 120,2.

■■■■■ La distribution de la consommation touristique

Cette distribution est différente pour les touristes français et les touristes étrangers. Les premiers utilisent davantage les hébergements non marchands, achètent davantage de produits alimentaires, fréquentent moins les restaurants, ont plus souvent recours aux services annexes, touristiques ou non. Certains touristes étrangers sont plus « rentables » que d'autres. Ainsi les Américains font d'énormes dépenses, utilisent les services de l'hôtellerie de luxe alors que les Hollandais, majoritairement présents dans les campings, ont un très faible niveau d'achats. Ils rapportent trois fois moins de devises que les Britanniques ou les Allemands !

LES MÉTHODES D'ÉVALUATION ÉCONOMIQUE

■ Réorienter les études statistiques

Traditionnellement, les statistiques touristiques concernent les aspects quantitatifs du tourisme international et des tourismes nationaux. Aujourd'hui, avec l'instabilité économique, la montée du prix de l'énergie, l'inflation et le chômage, les spécialistes du tourisme ont besoin de réorienter les recherches dans les directions suivantes :

• Une analyse des relations intersectorielles du tourisme grâce à la technique des tableaux input-output à double entrée : tout output, ou sortie d'un secteur, correspond à un input, ou entrée, dans un autre secteur. Ainsi apparaissent mieux les relations techniques entre le tourisme, les transports, l'agriculture, le commerce de détail, etc.

• Des analyses plus « pointues » de la structure des coûts, des prix des facteurs de production.

• Des études qualitatives portant sur les impacts socio-économiques du tourisme, le comportement des entreprises touristiques, l'évolution des goûts des touristes et de leurs dépenses.

■ La régionalisation des données

Des statistiques aux niveaux régional, départemental et local sont de plus en plus nécessaires tant les situations diffèrent dans une même région. Par exemple, dans la région Aquitaine, les communes balnéaires landaises sont privilégiées par rapport aux villages de l'intérieur qui ont pour seuls attraits quelques services et le calme de la forêt. Le Lot-et-Garonne, voué esssentiellement au tourisme vert, est défavorisé par rapport aux Pyrénées-Atlantiques, dont les attraits touristiques sont énormes – balnéaires, montagnards, culturels avec les villages basques, les villes d'art, l'art roman béarnais.

Un Compte régional du tourisme peut être établi dans le cadre des contrats de plan État-Région, grâce à la participation des instances locales : conseil régional, conseils généraux, comités départementaux de tourisme, chambres professionnelles, chambres de commerce... Les services techniques de l'État comme l'Équipement, l'INSEE, le Tourisme apportent leurs compétences et leurs méthodes d'investigation. La région Provence-Alpes-Côte d'Azur a de l'avance en ce domaine puisque les recherches y ont commencé en 1985.

■ Les redistributions régionales

Grâce aux flux touristiques, des transferts financiers importants s'effectuent entre régions émettrices riches et régions réceptrices pauvres. Ainsi, les cinq premières régions de solde positif (Bretagne, Provence-Alpes-Côte d'Azur, Languedoc-Roussillon, Pays de la Loire, régions normandes) perçoivent plus de 50 % des transferts interrégionaux alors que trois grandes régions de solde négatif (Île-de-France, Rhône-Alpes, Nord-Pas-de-Calais) fournissent près de 55 % de ces transferts.

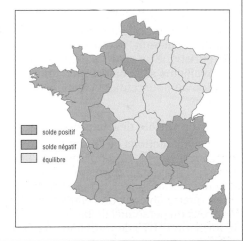

solde positif

solde négatif

équilibre

ÉCONOMIE

INFRASTRUCTURES

TOURISME CULTUREL

TOURISME BLEU

TOURISME VERT

TOURISME MONTAGNARD

Les emplois touristiques

Le tourisme génère constamment des emplois, directement et dans des secteurs annexes. Ainsi, malgré la récession, le total de ces emplois a augmenté de 9 % en cinq ans, contre 2,5 % pour l'ensemble de l'économie. Ils sont marqués par des spécificités telles la saisonnalité ou la féminisation.

■■■■■ Les structures de l'emploi

☐ Trois types d'emplois coexistent :
– Directs : ce sont des emplois dans une entreprise de tourisme. Exemples : l'hôtellerie, les agences de voyages, les wagons-restaurants.
– Indirects : ce sont des emplois dans une entreprise qui fournit des biens au secteur touristique. Exemple : un constructeur de caravanes.
– Induits : ce sont des emplois déjà décomptés dans d'autres secteurs qui servent partiellement à satisfaire les touristes. Exemples : un apiculteur, un poissonnier, un constructeur automobile.
☐ Le tourisme emploie des travailleurs indépendants ou des salariés. Le total des actifs du tourisme est d'environ 900 000 en emplois directs, dont 650 000 salariés. Dans les secteurs de l'hôtellerie, de la restauration et du camping-caravaning, de très nombreuses petites entreprises artisanales et familiales subsistent, dont la moitié emploie moins de 10 salariés. En revanche, dans les grandes chaînes hôtelières et les grands clubs de vacances (Accor, Club Méditerranée, etc.), les salariés représentent la quasi-totalité des emplois.
☐ Les autres secteurs touristiques sont désormais très concentrés et très intégrés, d'où la présence massive des salariés : 95 % dans les agences de voyages, 97 % dans les remontées mécaniques et les établissements thermaux, 100 % dans les syndicats d'initiative, les offices de tourisme, les wagons-lits et wagons-restaurants.
☐ L'âge et le sexe sont déterminants. Le tourisme emploie une forte proportion de femmes (50 % des actifs) et de jeunes salariés (50 % ont entre 15 et 34 ans).

■■■■■ Un travail souvent saisonnier

L'existence d'un calendrier touristique qui oppose des hautes saisons (pointe estivale de juillet-août, pointes hivernales du ski) à des basses saisons donne au travail touristique un caractère discontinu, d'où les caractéristiques suivantes : emploi de travailleurs saisonniers ou d'immigrés, extension de la journée de travail, rémunération au pourcentage, licenciements périodiques de la main-d'œuvre la moins qualifiée.

■■■■■ La variété des emplois

☐ Les cinq fonctions de l'emploi sont, de l'amont à l'aval : la conception du produit (bureaux d'études, tour-opérateurs), la vente (agences de voyage, mercatique...), la gestion (intendance, transport, hôtellerie...), l'animation (guides, moniteurs, animateurs des stations...) et le service (accueil, secrétariat, nettoyage).
☐ Les quatre niveaux de l'emploi qualifié sont, quelle que soit la branche considérée : ceux du personnel de base, des techniciens, des techniciens supérieurs (niveau de formation : BTS de tourisme ou d'hôtellerie) et des cadres dirigeants.

LA DIVERSITÉ DES SITUATIONS

■ Les salariés du tourisme

HR : hôtels avec restaurant ; H : hôtels ; HP : hôtels de préfecture ; AJ : auberges de jeunesse et refuges ; C : campings ; AH : autres hébergements touristiques ; RT : restauration de type traditionnel ; RR : restauration de type rapide ; CT : cafés-tabacs ; DB : débits de boissons ; TR : téléphériques, remontées mécaniques ; AO : agences de voyages et offices de tourisme ; TT : thermalisme et thalassothérapie.

	1995	1999	% en 1999
HR	132 288	138 569	21,9
H	18 250	21 990	3,3
HP	5 647	4 905	0,8
AJ	697	1 043	0,2
C	6 593	6 690	1,1
AH	31 178	29 272	4,7
RT	221 289	257 963	39,7
RR	62 267	85 831	12,7
CT	10 942	11 931	1,9
DB	26 012	29 063	4,5
TR	9 330	13 351	1,9
AO	35 221	41 615	6,3
TT	7 130	6 958	1,1
Totaux	566 844	649 181	100

Source : UNEDIC – Memento du tourisme (2001).

■ Hiérarchie des emplois qualifiés

Cadres dirigeants	Directeurs d'agence, d'office de tourisme, de villages de vacances…
Techniciens supérieurs	Chefs du secteur organisation des voyages, spécialistes de la planification, spécialistes du tourisme social…
Personnel de base	Assistants, employés de comptoir, hôtesses d'accueil, aides-comptables, service d'entretien.

■ Les difficultés d'estimation

La transectorialité du secteur touristique (faut-il compter l'épicier qui vend des pâtes à un touriste ?), les différences de critères retenus expliquent les variations statistiques du nombre d'emplois d'un organisme à un autre, parfois du simple au double.

■ Spécificités du secteur thermal

Les emplois sont directs (employés des établissements thermaux), indirects (professions médicales, hôtellerie), ou induits (commerces, activités touristiques). Cent curistes supplémentaires suscitent 10 emplois. 38 % des emplois sont permanents, 62 % sont saisonniers. Ils sont occupés essentiellement par une main-d'œuvre locale : les stations sont en général situées dans des régions peu développées et montagneuses, où le thermalisme semble très attractif. Les emplois peu qualifiés sont de loin les plus nombreux et les plus féminisés (entretien, soins et traitements, tâches administratives).

■ Emplois et redistributions géographiques

Dans certaines villes et stations touristiques, des quartiers entiers peuvent évoluer vers le « tout-tourisme », avec la création d'hôtels, de restaurants et de boutiques. On assiste alors à une redistribution de la population. Un processus identique a lieu dans de nombreuses stations côtières où les quartiers de pêcheurs laissent progressivement la place aux activités touristiques.

Au niveau régional, le tourisme a souvent accru l'exode rural et la désertification des régions plus déshéritées. En effet, les emplois touristiques sont attrayants pour les populations de ces régions. Ainsi les pôles touristiques littoraux de Corse ont attiré beaucoup d'habitants des villages de montagne. À l'inverse, la forte demande touristique peut parfois réactiver l'agriculture, la viticulture, l'apiculture, l'artisanat et même l'industrie (alimentation, « souvenirs », achat de produits typiques).

ÉCONOMIE

INFRASTRUCTURES

TOURISME CULTUREL

TOURISME BLEU

TOURISME VERT

TOURISME MONTAGNARD

Les organismes administratifs

Toute politique touristique implique l'existence d'organismes administratifs. En France, de l'État à la commune, ces organismes sont nombreux, d'où les difficultés à cerner leurs fonctions respectives. Depuis l'adoption des lois sur la décentralisation, ils sont invités à participer ensemble à l'aménagement touristique.

Les organismes nationaux

Le Commissariat général au Plan s'appuie sur plusieurs organismes qui incluent le tourisme dans leurs préoccupations : la Direction du tourisme, rattachée au ministère de tutelle, la DATAR (délégation à l'Aménagement du territoire et à l'Action régionale), les missions interministérielles (Languedoc-Roussillon, Aquitaine, Espace rural, Montagne, Littoral), la commission interministérielle d'Aménagement du territoire (fixation des objectifs de l'aménagement). L'Observatoire national du tourisme rassemble les informations et les statistiques. Il publie chaque année un *Mémento du tourisme* qui fait le point sur le tourisme dans le monde, l'importance du tourisme en France (consommation touristique, production, emplois, investissements), les hébergements et les déplacements, sans oublier les indicateurs sectoriels, du tourisme culturel au tourisme de santé ou d'affaires. D'autres publications spécialisées sont à la disposition du public.

Les organismes régionaux et départementaux

☐ Au niveau de la région, un délégué régional au tourisme représente la Direction du tourisme. À ses côtés, le comité régional du tourisme et des loisirs (CRTL), dont la moitié des membres sont des conseillers régionaux, peut promouvoir, programmer et commercialiser des équipements touristiques.

☐ Le comité départemental du tourisme émane du conseil général, des chambres consulaires et des organisations départementales du tourisme. Il prend en charge la promotion, la création et la commercialisation des produits et des équipements touristiques (exemples : plans d'eau, golfs, parcs de loisirs) et peut donc entrer en concurrence avec le CRTL.

Les organismes communaux

☐ Depuis 1982 (loi Defferre), les communes ont accru leurs pouvoirs : délivrance du permis de construire sous la condition d'avoir établi un plan d'occupation des sols, bénéfice d'une subvention globale, compétences économiques pour encourager la création d'entreprises (ventes à prix réduit de terrains équipés, exonération de la taxe professionnelle pendant 5 ans...). Exemple : la commune peut offrir gratuitement un terrain pour un village de vacances, gérer un terrain de camping, subventionner le syndicat d'initiative.

☐ Les syndicats d'initiative (SI) sont des associations régies par la loi de 1901. En liaison avec la commune, les associations et les entreprises, les SI informent les touristes et assurent l'animation touristique.

☐ Les offices de tourisme municipaux (OT) sont des « établissements publics à caractère industriel et commercial ». Leurs fonctions sont très étendues : information et promotion, organisation de fêtes et de spectacles, gestion d'équipements (installations sportives, ports de plaisance, remontées mécaniques...).

■ Régions et départements

Les 21 régions créées en 1955 reflètent le compromis entre les tenants d'un découpage historique et culturel et les partisans d'une conception strictement économique fondée sur les aires d'influence des grandes villes. On compte aujourd'hui 22 régions : la Corse a été détachée de la Provence. Une conscience régionale s'est largement développée. Elle se manifeste notamment dans la promotion touristique et à propos de la réalisation d'équipements. Les départements, dont le rôle est minoré dans les lois sur la décentralisation, restent dans l'ensemble attachés à une politique d'aménagement touristique dans laquelle s'impliquent de nombreux conseils généraux.

■ Vicissitudes administratives

De 1910, année de sa création, à nos jours, l'administration du tourisme a sans cesse changé de nom et a été rattachée à différents ministères. Preuve qu'il est difficile d'isoler le tourisme d'autres activités économiques et culturelles. Ministère délégué de 1988 à 1993, le tourisme relève aujourd'hui du ministère de l'Équipement, des Transports et du Tourisme.

■ La DATAR

Créée en 1963, la DATAR est directement rattachée au service du Premier ministre, mais placée sous l'autorité d'un ministre délégué à une opération d'aménagement. Composée d'une cinquantaine de chargés de mission, elle a pour charge de faire collaborer les différents ministères, ce qui reste ardu dans un pays où les traditions administratives impliquent une forte sectorisation des actions. La DATAR joue un rôle fondamental dans la régionalisation du budget (concilier la nécessité d'une planification nationale et les exigences régionales en favorisant les contrats du Plan). Elle peut constituer des équipes capables de coordonner les travaux dans le cadre d'une opération pluridisciplinaire (exemple : aménager un massif montagneux).

Les fonds de la DATAR, qui proviennent de crédits affectés à des opérations précises, du FIAT (Fonds d'intervention pour l'aménagement du territoire) et du FIDAR (Fonds interministériel de développement et d'aménagement rural), lui permettent d'impulser les actions que le ministère et la collectivité concernés poursuivront.

■ Les crédits publics

La part du tourisme dans le budget public paraît dérisoire : 0,03 % en 1993, soit 60 millions d'euros du FIT (Fonds d'intervention touristique).

En fait, il faut ajouter le budget des collectivités publiques. Ainsi, en 2000, les régions « donnent » 150 millions d'euros, les ministères concernés par le tourisme 330, les départements 400. Les communes touristiques font le plus gros effort, avec près de 2 milliards d'euros. Enfin, la Communauté européenne accorde près de 400 millions d'euros.

Le ministère de l'Équipement, des Transports et du Tourisme privilégie actuellement les opérations tests grâce aux crédits du FACIT (Fonds d'aide au conseil et à l'innovation touristiques), dont disposent la DATAR et la Direction des industries touristiques pour organiser des audits et étudier les possibilités d'investissements. Le FIDAR, qui distribue des crédits à la DATAR, peut aussi aider le tourisme s'il s'insère dans un projet d'aménagement en zone rurale. Enfin, la création d'emplois touristiques peut être activée par les crédits du FRILE (Fonds régional pour les initiatives locales de l'emploi).

ÉCONOMIE

INFRASTRUCTURES

TOURISME CULTUREL

TOURISME BLEU

TOURISME VERT

TOURISME MONTAGNARD

L'aménagement touristique

Le développement du tourisme est devenu inéluctable en raison de la croissance spectaculaire de la demande. Pour éviter les choix anarchiques, les phénomènes de saturation et la destruction des paysages, les pouvoirs publics et les instances touristiques doivent fixer des objectifs et des règles strictes d'aménagement.

■■■■■ Les enjeux et les objectifs

☐ Les politiques touristiques oscillent, en France, entre le libéralisme sauvage d'avant-guerre, le libéralisme tempéré que reflète la Charte du tourisme d'avril 1981, et le libéralisme orienté vers les priorités sociales (vacances pour tous, aides à l'emploi).

☐ Trois objectifs sont cependant permanents :

– un objectif spatial, qui cherche à concilier l'équipement, la protection des sites et l'aménagement du territoire ;

– un objectif économique, qui passe par la création des aménagements nécessaires à une valorisation du patrimoine touristique et qui vise à obtenir un maximum de devises, y compris par l'exportation d'ingénierie touristique (hôtellerie, matériel) ;

– un objectif social enfin, qui favorise l'accès de tous aux vacances (exemple : le chèque-vacances pour aider les plus démunis), cherche à promouvoir les hébergements sociaux et à privilégier l'emploi des compétences et de la main-d'œuvre locales.

■■■■■ Les méthodes modernes d'aménagement

☐ C'est d'une part l'évaluation des ressources touristiques. Toute politique d'aménagement touristique, régionale ou nationale, implique un inventaire des ressources du territoire et prévoit leur valorisation. En effet, une ressource reste une potentialité tant qu'elle n'est pas reconnue, rendue accessible et promue. Exemples : tel château en ruines aurait besoin d'un sentier ou d'une route d'accès, puis de réparations, tel pays au climat agréable devient attrayant si les biens et les services sont d'un prix raisonnable.

☐ C'est d'autre part l'approche systémique. Elle tient compte des interrelations entre les phénomènes, par exemple entre l'espace, les aménagements et les hommes. Elle utilise la modélisation, c'est-à-dire la représentation formalisée et chiffrée d'un phénomène ou des interactions entre les phénomènes. Ces simulations de la réalité permettent d'étudier toutes les hypothèses possibles grâce à leur vérification anticipée, par exemple celle de la rentabilité d'un investissement touristique. Elle convient très bien aux études ponctuelles (stations, complexes touristiques) ou régionales.

■■■■■ Les grandes réalisations

Depuis les années 60, en France, de grandes réalisations ont vu le jour : plans d'aménagement de la côte du Languedoc-Roussillon, de la côte aquitaine, plan neige de 1970 (création de vastes complexes intégrés comme La Plagne ou Font-Romeu), découpage du territoire en zones (ZAC : zones d'action concertée, ZAD : zones d'action différée, POS : plans communaux d'occupation des sols), création de réserves et de parcs naturels, protection des sites, contrats de plan entre l'État et les régions. La maîtrise rationnelle des espaces et les préoccupations sociales et culturelles s'y sont dans l'ensemble affirmées.

DES OUTILS PERFORMANTS

■ La Charte de 1981

Elle symbolise le choix libéral dans la politique touristique puisque ses grandes directives sont la liberté des prix, du crédit et des changes, les mesures d'aide fiscale aux entreprises touristiques, la reconnaissance du tourisme comme une « industrie majeure » observée de près (balance du tourisme, Compte du tourisme). Un gros effort de promotion associe les organismes publics et les professionnels.

■ L'inventaire des ressources

Un document exhaustif a été réalisé par l'OMT (Organisation mondiale du tourisme). Il classe ainsi les ressources à valoriser :

– *Patrimoine naturel* : éléments géologiques et géographiques, climat, faune et flore, zones protégées.

– *Patrimoine humain* : données démographiques et socio-économiques sur la population d'accueil, mentalités, lois sociales, organisation politique...

– *Patrimoine culturel* : sites et monuments, architecture locale, musées, manifestations sportives, culturelles, scientifiques...

– *Patrimoine économique* : superstructures routières, ferroviaires, aériennes, infrastructures de loisirs (plages, remontées mécaniques, stations équipées, etc.) et d'hébergement, ressources économiques utilisables pour le tourisme, de l'agriculture aux services.

■ Les instruments économiques et financiers

Les instruments économiques et financiers de pointe facilitent les approches systémiques et la modélisation. On peut citer notamment les analyses input-output (exemples : facteurs de production des biens en entrée, ou input, résultats de la production en sortie, ou output), les techniques économétriques (étude de fluctuations réciproques), l'utilisation des indices touristiques, par exemple le taux de fonction hôtelier :

$$\frac{\text{nombre de lits}}{\text{nombre d'habitants}} \times 100.$$

■ Les démarches systémiques

Quatre documents sont élaborés : un avant-projet, un projet initial, un projet final et un programme opérationnel.

À chaque stade, il faut modéliser, tester toutes les hypothèses possibles, d'où la nécessité de tenir compte d'une foule de paramètres en interaction :

– *Paramètres géographiques* : données climatiques, physiques, hydrologiques sur le site et plan-masse des infrastructures et des bâtiments.

– *Coûts et faisabilité des équipements* comparés à des équipements similaires réalisés ailleurs, normes choisies.

– *Respect du cadre juridique* et administratif des zones aménagées.

– *Financement* : sources possibles (État, collectivités publiques), plan de financement et de trésorerie.

– *Commercialisation des produits touristiques créés* (promotion, distribution, recherche de partenaires).

■ L'exemple martiniquais

Le Schéma d'aménagement multisectoriel encourage une politique touristique systémique selon quatre grands objectifs : fixation d'un seuil maximum de fréquentation (300 000 touristes et 400 000 croisiéristes !), protection de la nature, participation de la population, délimitation de cinq zones touristiques selon cinq dominantes. Exemples : la zone Sud-Est est surtout balnéaire, la zone Ouest coïncide avec le parc naturel.

ÉCONOMIE

INFRASTRUCTURES

TOURISME CULTUREL

TOURISME BLEU

TOURISME VERT

TOURISME MONTAGNARD

Les impacts du tourisme

Malgré les nouvelles politiques d'aménagement qui prennent en compte les équilibres écologiques et la conservation du patrimoine, le tourisme n'a pas forcément des effets bénéfiques sur le milieu d'accueil. Les concepteurs doivent donc tenir compte des études d'impact et des limites à ne pas dépasser.

L'étude des impacts

☐ L'impact est la différence entre l'environnement futur modifié par les aménagements touristiques projetés et ce même environnement, tel qu'il serait devenu sans la réalisation des aménagements.

☐ L'étude préalable d'impact complète les études de localisation de rentabilité des aménagements prévus. Elle permet d'informer les différents partenaires (collectivités territoriales, gestionnaires, populations, futurs usagers) sur les choix possibles et leurs effets prévisibles. Si l'accent est mis sur les aspects socio-économiques, paysagers et culturels, si l'étude est conduite en toute indépendance, les bévues et les excès seront théoriquement évités.

Les impacts habituels du tourisme

	Impacts positifs	Impacts négatifs
Espaces	Les projets modernes instaurent un zonage cohérent, respectent le patrimoine naturel, utilisent une architecture et des aménagements à la mesure humaine.	Trop souvent, le béton de l'urbanisation massive (Côte d'Azur), le mitage des espaces gaspillés, la dénaturation des sites (le pont de l'île de Ré) ont caractérisé les stations et complexes touristiques, surtout sur le littoral et en montagne.
Économie et société	Création d'emplois directs et réactivation de l'agriculture, de l'artisanat, de l'industrie touristique, du commerce.	Spéculation foncière et inflation. Trop souvent, la main-d'œuvre locale occupe des emplois non qualifiés. Déséquilibre démographique : le succès du tourisme vide l'arrière-pays.
Plan culturel	Élargissement des horizons des autochtones. Le nouveau tourisme est bénéfique pour les cultures régionales : visite d'entreprises, écomusées, sites et monuments protégés. Il existe des exemples convaincants d'association des populations au mouvement touristique (par exemple, sur le Larzac.).	Conflits dès le stade des plans d'aménagement (par exemple, les pêcheurs inquiets des risques de pollution). Choc des cultures et des habitudes. Phénomène de rejet du tourisme de masse et incidents (Corse, Occitanie, Bretagne).

Les limites du développement

☐ Trois seuils sont à respecter dans la prévision des normes d'utilisation des espaces touristiques : le seuil de tolérance en matière de construction, le seuil de densité des touristes (éviter le surpeuplement) et le seuil de fonction touristique (elle ne doit pas éliminer les autres fonctions économiques).

☐ Un complexe touristique décline lorsque les équipements sont jugés insuffisants par les vacanciers (mauvais rapport qualité/prix de l'hébergement, nourriture médiocre, saturation des lieux), lorsque l'environnement a été dégradé (murs de béton, paysages défigurés), lorsque les objectifs sont exclusivement commerciaux.

LA PRISE DE CONSCIENCE

■ Vers un nouveau tourisme

Après l'euphorie des débuts, le tourisme de masse suscite des réactions négatives de la population locale. Le cynisme qui pousse à tirer du tourisme un maximum de profits, l'invasion et la saturation des espaces, la conscience écologique devant la destruction du milieu, l'impression de dépossession ressentie par les autoch-tones expliquent ces phénomènes de rejet. Mais une prise de conscience voit le jour. Repartant sur des bases plus humanistes dans un désir de découverte de l'autre et de respect des lieux, de la nature et des cultures, le nouveau tourisme est à l'œuvre.

■ Hourtin : en trois fois

Hourtin est un village de la lande médo-caine longtemps voué à la sylviculture et construit à 2 km du plus grand lac de France. Il avait une place centrale et une église néogothique. Un essor touristique bien modeste commence dans les années 30, avec la création d'Hourtin-Plage, station océane : un damier et une rue centrale jusqu'à la dune, pas de front de mer, mais deux parkings. Dans les années 80, un projet de création de 3 000 lits, controversé pour cause de fragilité biologique, voit le jour au bord du lac. C'est Hourtin-Port : 500 anneaux, des hébergements variés (petit hôtel, rési-dence hôtelière, deux villages de vacances, des résidences), une île pour les enfants (château fort en bois). L'archi-tecture simple et discrète s'intègre bien au site qui conserve son caractère sau-vage. Les campings sont à l'intérieur des terres, vers Hourtin-Ville. Pour les ama-teurs de baignade, de sports de glisse, de randonnées sur les pistes cyclables, de ballades vers le Médoc des vins, ce troi-sième Hourtin est plutôt une réussite.

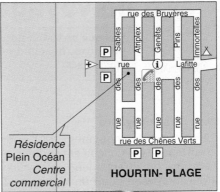

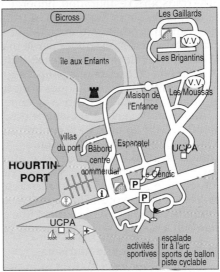

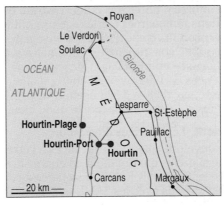

ÉCONOMIE

INFRASTRUCTURES

TOURISME CULTUREL

TOURISME BLEU

TOURISME VERT

TOURISME MONTAGNARD

Les prestataires de voyages

Lorsque la destination est lointaine et les infrastructures d'accueil précaires, beaucoup de touristes ont recours à des organismes spécialisés.

▬▬ Les voyagistes

☐ Le voyagiste (synonymes : tour operator, tour-opérateur) est une personne ou une entreprise qui conçoit et vend des séjours et des voyages organisés à une agence de voyages ou, directement, à des clients.

☐ Pour mettre au point un voyage au forfait, le voyagiste a recours à des prestations (transport, restauration, hébergement, guidage, animation, etc.) assurées par des agents distincts. En somme, il transforme cet ensemble de « produits » particuliers en un produit unique qu'il faut ensuite présenter sous forme de brochures ou de catalogues et distribuer par le biais des agences de voyages. Si, dans la majorité des cas, le rôle du voyagiste est de fournir des voyages, il se charge aussi d'organiser circuits ou excursions pour les touristes étrangers.

☐ Les contraintes économiques sont fortes. La conception d'un voyage implique une étude de marché et la prise en compte de paramètres comme le taux de change des monnaies, la santé économique du pays visité, sa stabilité politique. Le voyagiste doit aussi tenir compte de la concurrence au niveau des services fournis, des prix, du système de commercialisation.

☐ Jusqu'en 1970, les voyagistes étaient des généralistes. Aujourd'hui, face à la concurrence internationale et à celle du tourisme associatif, beaucoup se spécialisent, comme le Club Méditerranée (club de vacances), Snotour (sports d'hiver), Rev Vacances (Égypte), Orchape (chasse). À l'heure du marché européen unique, de grands voyagistes développent une politique de rachats (par exemple, le groupe belge Sun a racheté Voyages Conseil, propriété du Crédit agricole).

▬▬ Les agences de tourisme

Les agences ont une fonction purement commerciale. Elles peuvent retenir des chambres d'hôtel, des billets de train ou d'avion, des voitures sans chauffeur, opérations rémunérées par les agents contactés (le client règle quelques frais). La vente des produits élaborés par les voyagistes, les informations et les conseils dispensés au public constituent les principales activités. L'agence peut aussi jouer un rôle de voyagiste en organisant des voyages à la carte pour des particuliers. De 2 569 agences en 1992, avec un chiffre d'affaires hors TVA de 6,7 milliards d'euros, on est passé, en 1998, à 3 928 agences représentant un chiffre d'affaires de 9,6 milliards d'euros. Ce secteur se porte donc bien.

▬▬ Les services d'assistance

Le développement des vacances à l'étranger a provoqué la création de compagnies d'assistance qui prennent en charge le touriste en cas d'accident, de maladie ou de décès. Exemple : Europ Assistance a constitué un réseau de correspondants, signé des accords avec les SAMU et Sud Aviation (avions à disposition).

■ Le contrat de vente

Un arrêté de 1982 a fixé les conditions de vente d'un voyage. Tout contrat doit contenir des informations sur les lieux, les jours, les heures de départ et de retour, les modes de transport et d'héber- gement, les itinéraires, la taille du groupe, le nombre minimal de participants, le prix et les modalités de paiement, les condi- tions d'annulation, le rappel des contrats d'assurance, le nom et l'adresse de l'assureur.

■ La gamme des produits

Les voyagistes proposent différents types de séjours : pension complète ou demi- pension, avec animations et/ou excur- sions, remise en forme, ou séjours libres. Les circuits dans un même pays varient par la durée (et donc le prix), l'itinéraire, les moyens de transport. Pour les desti- nations lointaines, les vols intérieurs alternent avec le train, et surtout l'auto- car. Pour tenir compte des tranches d'âge ou de la diversité de la demande, les voyagistes présentent des circuits spor- tifs (camping dans le désert, voyage en 4 x 4...) ou des formules vol + voiture, auto-tours (avec chambres réservées). Ils se tiennent de plus en plus à la dispo- sition des groupes, des associations ou des isolés pour leur proposer des circuits programmés à leur demande.

■ Les brochures de voyage

Le voyagiste présente les séjours et les voyages qu'il a « fabriqués » dans une brochure, véritable petit livre qui joue le rôle d'un catalogue attrayant et pratique. Souvent, pour ne pas rompre le charme des textes et des images, le cahier des prix est présenté à part.
Le circuit de l'agence Akiou « Visages du Tonkin » est un bon exemple.

– Un titrage

CIRCUIT VOYAGEUR AVERTI

– Une carte claire

——— trajet en autocar   - - - - - trajet en bateau

– Une photo d'appel
Elle concrétise souvent le programme annoncé. Ainsi, pour ce voyage au Ton- kin, l'image montre des femmes thaïes au marché de Diên Biên Phu.

– Un texte précis
Il indique les jours, les lieux visités et les centres d'intérêt.

Vendredi. *Baie d'Halong*
Matinée de croisière dans les paysages de rêve de la baie d'Halong. Détente l'après-midi. Possibilité de louer un bateau pour le coucher du soleil.
Samedi. *Halong/Haiphong/Hanoi*
Route vers Haiphong, premier port du Viêt Nam du Nord. Visite de la Pagode du Hang et du Dinh (ancienne maison commune). Arrivée à Hanoi dans l'après-midi.
Dimanche. *Hanoi/Diên Biên Phu*
Visite du mausolée d'Hô Chi Minh, puis envol pour Diên Biên Phu, site historique mais aussi point de rencontre de diverses minorités ethniques de la région. Visite du site : le QG du colonel de Castries, la colline A2 d'où se dégage une vue sur la célèbre « cuvette » et le musée commémoratif.

ÉCONOMIE

INFRASTRUCTURES

TOURISME CULTUREL

TOURISME BLEU

TOURISME VERT

TOURISME MONTAGNARD

La communication touristique

Des informations importantes sont à la disposition du touriste qui entend préparer son voyage, se documenter sur l'hébergement, les transports, les itinéraires et les visites possibles.

▰▰▰ Les principaux émetteurs

☐ Les émetteurs institutionnels sont :

– *Au plan national* : la Maison de la France, dont le financement est mixte (public-privé). Cet organisme développe une stratégie de communication par ses 37 antennes à l'étranger. L'ONT (Observatoire national du tourisme) publie des ouvrages et des périodiques dont l'objectivité intéresse les professionnels et les chercheurs.

– *Aux plans régional et départemental*, les comités du tourisme (CRT et CDT), émanations des conseils régionaux et des conseils généraux, éditent dépliants et brochures, affiches et cassettes.

– *Au plan communal*, syndicats d'initiative (SI) et offices de tourisme (OT), très sollicités par les visiteurs, dispensent toutes les informations et offrent ou vendent dépliants et livrets.

☐ Les émetteurs privés sont les hôtels, les restaurants, les voyagistes, les promoteurs immobiliers, les parcs de loisirs, les musées privés, certaines entreprises... Leur communication est uniquement publicitaire.

▰▰▰ Les médias de la communication touristique

☐ Les livres d'information sur la géographie, la flore et la faune, l'art et la culture, souvent richement illustrés, permettent de préparer un voyage ou un séjour touristique. On les trouve aussi bien en librairie que dans les musées ou les sites. Les guides spécialisés, indispensables, sont vendus en librairie, dans les maisons de la presse et les grandes surfaces.

☐ La presse spécialisée est d'un bon niveau informationnel. La mise en pages et l'iconographie sont soignées. Il est parfois difficile de distinguer information et promotion publicitaire encouragée par la pratique des invitations, des voyages offerts, des cadeaux distribués. Les principales revues sont *Géo, Voyager, Partir, Quotidien du tourisme*.

☐ Les prospectus et les dépliants sont offerts dans les syndicats, les offices du tourisme, les musées ou sur les sites visités. Ils contiennent quelques informations pratiques et vantent le « produit » présenté. Leur objectif est surtout promotionnel.

☐ Les affiches sont des messages scripto-iconiques puisqu'elles associent un slogan ou un texte court à une image séduisante chargée de symboliser le pays à visiter. Elles occupent des points stratégiques : métros, gares, aéroports, abris de bus...

☐ La radio consacre de nombreuses rubriques publicitaires au tourisme et organise des concours très prisés. La télévision présente des émissions qui incitent au voyage : *Thalassa, Ushuaïa, Faut pas rêver*.

☐ Le ministère de l'Équipement, des Transports et du Tourisme autorise la signalisation touristique : panneaux routiers indiquant villes, sites et monuments, signalisation des musées et des sites en ville.

■ L'image de marque

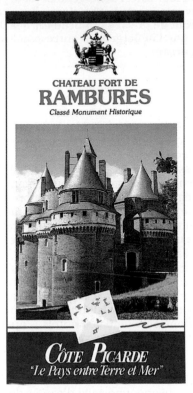

L'image de marque, qui différencie, démarque une ville ou une zone touristique, est faite d'un ensemble complexe de représentations. Fondée hier sur quelques préjugés (le Nord, c'est le charbon, la Provence c'est Marius) ou quelques connotations retenues par le livre ou la presse (Deauville l'aristocratique, la France c'est Paris, Paris c'est la tour Eiffel), elle est aujourd'hui « travaillée » selon les méthodes de la mercatique et tient compte des désirs et des motivations de la clientèle potentielle. Ces études partent d'un audit (un inventaire de l'existant) et tiennent compte de la segmentation du public et, donc, de la diversité de la demande. Un point est important : il faut que l'image créée corresponde à celle que le touriste emportera après avoir connu les lieux.

L'image de marque transparaît dans les logos, les slogans et, bien entendu, les textes et les images. Dans le dépliant présenté, les armes, le nom du château, son statut prestigieux (monument historique), la photo vérité, le rapport avec la côte picarde (dessin de la baie de Somme et des oiseaux, le slogan) sont les éléments bien choisis de l'image de marque de Rambures... en Picardie.

■ Les guides

Les principaux guides sont les suivants :
– Le *Guide vert* Michelin contient une présentation synthétique de la région (géographie, géologie, histoire, art, culture) ; des cartes initiales (curiosités, parcours) ; une analyse, par ordre alphabétique, des sites et des monuments, coupée de temps à autre par l'étude d'un ensemble et de ses éléments (exemples : haute vallée de la Dordogne, côtes de Meuse) ; des renseignements pratiques. Il est simple, clair, précis, égayé par des photos, des plans et des cartes en couleurs.
– Le *Guide bleu* Hachette est plus complet : descriptions minutieuses des sites et des monuments, études synthétiques (art, géographie, culture), présentation par grands itinéraires.
– Les guides *Visa* ou *Marcus* s'adressent à un plus large public et se contentent donc d'informations plus générales. Cartes, plans, dessins ou photos les agrémentent.
– *Le Guide du routard* a imposé un style nouveau : présentations critiques, foule de renseignements pratiques à destination d'un public jeune.

ÉCONOMIE

INFRASTRUCTURES

TOURISME CULTUREL

TOURISME BLEU

TOURISME VERT

TOURISME MONTAGNARD

Les types d'hébergement

Parmi tous les paramètres du tourisme, l'hébergement est le plus aisément mesurable. Les inventaires de l'offre, des nuitées et la localisation géographique sont de précieux indicateurs des flux touristiques et ils montrent que l'hébergement correspond à au moins 30 % du budget du touriste.

▬▬ L'hôtellerie

☐ Les hôtels de tourisme, qui louent des chambres à une clientèle de passage ou à des vacanciers, à la semaine ou au mois, représentent 6,5 % de l'hébergement en hiver et 5 % en été. Ces taux ont tendance à décroître.

☐ Les hôtels homologués depuis 1986 sont classés en cinq catégories, des une étoile aux quatre étoiles luxe, selon ces critères : nombre de chambres, équipement, qualification du personnel. La tendance est à la régression des une étoile au profit des deux et trois étoiles, selon des mouvements de restructuration parfois brutaux qui ont conduit à cette situation duelle : un grand nombre d'entreprises à caractère artisanal et de très grandes firmes. L'hôtellerie non homologuée conserve une place non négligeable, par exemple à Paris, avec près du tiers des hôtels.

☐ Les grandes chaînes, dites intégrées (par exemple Accor) regroupent plus de 3 000 hôtels et représentent 30 % de la capacité hôtelière homologuée. Les chaînes, dites volontaires, constituées par des indépendants qui ont accepté une charte de qualité et un système commun de réservation et d'approvisionnement (Logis de France, France Accueil, Interhôtel...) regroupent plus de 6 000 hôtels (capacité : 28 % de l'hôtellerie homologuée).

▬▬ Les nouveaux lieux de séjour

☐ Les gîtes ruraux. Une charte de 1955 fixe l'équipement minimum de ces logements : des pièces équipées et meublées, une cuisine, une salle d'eau et des WC. Leur création permet d'apporter un appoint aux habitants, de sauvegarder et d'améliorer un patrimoine : ce sont souvent des maisons paysannes, des moulins ou des granges qui ont été transformés. En outre, les gîtes ruraux offrent aux familles citadines des vacances à prix raisonnable. La plupart sont privés (plus de 35 000), mais certains sont communaux ou intercommunaux (4 000 environ). Les gîtes équestres, de pêche, de chasse sont spécialisés.

☐ La formule « chambres d'hôtes » se développe aujourd'hui. Les chambres sont équipées (salle d'eau, WC) et le petit déjeuner est servi. Les propriétaires reçoivent des subventions du ministère de l'Agriculture.

▬▬ Résidences de tourisme et résidences secondaires

☐ Les résidences de tourisme sont des unités d'habitations, pavillons ou appartements, vendues à des particuliers ou louées. Elles sont souvent gérées en copropriété. Les lieux de prédilection sont les stations balnéaires et les stations de ski.

☐ Les résidences secondaires sont implantées dans un rayon de 20 à 100 km autour des grandes villes. La France détient le record mondial : une pour 32 habitants.

▬▬ Les autres formules sont le camping, le caravaning et toutes les formes de tourisme associatif (page 34).

■ France métropolitaine

L'offre de lits touristiques en 2001 (en milliers)

Source : Direction du tourisme (2001).

Hôtels classés	1 178	6,4 %
Campings	2 692	14,6 %
Villages de vacances	263	1,4 %
Auberges de jeunesse	15	0,1 %
Gîtes et chambres d'hôtes	356	1,9 %
Résidences de tourisme	331	1,8 %
Résidences secondaires	13 209	71,4 %
Meublés touristiques	450	2,4 %
Total	18 494	100 %

L'hôtellerie homologuée (en 2001)

Classement	Hôtels	Capacité
0 étoile	2 223	60 593
1 étoile	2 130	40 552
2 étoiles	10 049	282 157
3 étoiles	3 426	158 442
4 étoiles	646	47 430
Total	18 474	585 174

Source : Insee – Direction du tourisme – Partenaires régionaux 2001.

Pourcentage des nuitées par étoile

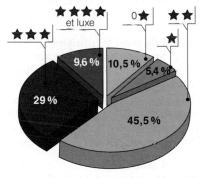

Source : Insee – Direction du tourisme – Partenaires régionaux 2001

■ Camping et caravaning

Les 8 021 campings offrant des emplacements à la clientèle de passage sont classés de 1 à 4 étoiles. En pourcentage, les 1 étoile représentent 15,17 %, les 2 étoiles 49,24 %, les 3 étoiles 27,20 % et les 4 étoiles seulement 8,39 %. La plupart de ces campings acceptent les caravanes et les camping-cars. Il existe aussi 336 campings classés résidentiels (168 ont une étoile, 126 deux, 30 trois et 12 quatre). Les emplacements y sont loués à l'avance. Grandes régions d'accueil, par ordre décroissant : Languedoc-Roussillon (16 millions de nuitées), Aquitaine, PACA, Bretagne, Pays-de-la-Loire, Rhône-Alpes, Poitou-Charentes, Midi-Pyrénées (4 millions de nuitées).

■ Les résidences secondaires

La France totalise près de 3 millions de résidences secondaires, considérées, malgré les frais d'achat et d'entretien, comme des placements sûrs. Surtout, elles permettent de s'évader du bitume et de passer des vacances en famille.

Les régions les plus prisées sont, dans l'ordre : PACA, Rhône-Alpes, Languedoc-Roussillon, Île-de-France, Bretagne, Pays de la Loire, Aquitaine.

On doit à ce phénomène la restauration des maisons paysannes, la réactivation de l'économie villageoise, mais aussi le mitage de certaines zones. Beaucoup d'étrangers achètent, profitant de la législation libérale en France.

■ Le taux de fonction touristique

Comme les chiffres absolus ne traduisent pas forcément l'importance du tourisme dans un lieu donné, Pierre Defert, socio-logue, a proposé de calculer le taux de fonction touristique d'une zone (T) en comparant le total de lits touristiques offerts (L) et le chiffre de population résidente (P).

On a : $T(F) = \dfrac{L \times 100}{P}$

On peut alors classer les stations. Ainsi, un taux supérieur à 500 indique une situation hypertouristique ; les grandes stations se situent entre 100 et 500.

ÉCONOMIE

INFRASTRUCTURES

TOURISME CULTUREL

TOURISME BLEU

TOURISME VERT

TOURISME MONTAGNARD

Le tourisme social et associatif

Le tourisme social est corporatif (comités d'entreprise, caisses d'allocations familiales ou de retraite). Le tourisme associatif accueille toutes les clientèles, des jeunes aux retraités.

▬▬▬ Objectifs et moyens

□ Depuis l'époque du Front populaire, les objectifs de ce tourisme sont : l'idéal des vacances pour tous, le faible prix des prestations, le critère de démocratie interne à l'association, une participation responsable, la recherche de l'épanouissement personnel, physique et intellectuel à travers les activités proposées.

□ Les associations sont à but non lucratif et elles sont aidées par l'État et les collectivités publiques. Les utilisateurs à revenus faibles bénéficient d'aides à la personne.

▬▬▬ Les formules du tourisme social et associatif

□ Les maisons familiales de vacances, conçues pour des familles à niveau de vie faible, offrent des conditions d'hébergement proches de celles des hôtels, à des prix très attrayants. Au début, certains services étaient assurés par les vacanciers.

□ Les villages de vacances, créés en 1968, permettent aux familles de bénéficier des prestations collectives. Ils existent sous différentes formes : villages à logements pavillonnaires ou petits appartements et services collectifs (restauration, animation), villages de gîtes où les logements sont dotés d'une cuisine individuelle (services collectifs réduits), villages de toile avec tente et matériel loués, villages « éclatés » constitués de gîtes plus ou moins dispersés (ruraux, communaux) avec un centre d'animation et de gestion. Actuellement, 879 villages de vacances offrent plus de 265 000 lits.

□ Les auberges de jeunesse ont joué un rôle fondamental pour le tourisme des jeunes depuis les années 30 : hébergement en dortoir (on apporte son sac de couchage), équipements sanitaires collectifs, possibilité de préparer son repas, tâches collectives (balayage, entretien...). Réservées aux jeunes de 14 à 30 ans, les auberges de jeunesse deviennent des hébergements bon marché où l'esprit ajiste paraît démodé.

□ Les autres formules sont les campings, les caravanings gérés par des associations, les colonies et les camps de vacances, les centres d'accueil internationaux, les organisations de voyages, les gîtes et les chambres d'hôtes appartenant à des associations.

▬▬▬ Le poids économique du tourisme social et associatif

□ Les 58 associations, que regroupe l'Union nationale des associations de tourisme et de plein air, offrent près de 250 000 lits. Elles accueillent près de 6 millions de personnes, dont 950 000 reçoivent une aide.

□ Les principales associations sont, par ordre d'importance : LVT (Loisirs-Vacances-Tourisme) : 5 millions de journées-vacances, 97 maisons familiales et 45 gîtes ; VAL (Vacances-Auvergne-Limousin) : 2 millions de journées-vacances, 30 villages de vacances ; FMFV (Fédération des maisons familiales) : 1,5 million de journées, 176 maisons familiales, 19 gîtes ; MLV (Mutualité Loisirs-Vacances) : 1,4 million de journées, 9 villages de vacances, 9 gîtes ; LFAJ (Ligue française pour les auberges de jeunesse) : 1,3 million de journées, 155 auberges de jeunesse.

■ Du Front populaire aux rigueurs de la gestion moderne

Le tourisme social doit beaucoup au Front populaire : en mai 1936, les quinze jours de congés payés et les billets de train à tarif réduit favorisent le départ de près d'un million de salariés. Mais les infrastructures sont inexistantes, à part les auberges de jeunesse et les colonies de vacances.

La Libération voit naître de nombreuses associations. Mais, dès 1947, les problèmes politiques expliquent les clivages : Tourisme et Travail, proche de la CGT et Fédération Léo Lagrange d'esprit socialiste, OCCAJ (AJ) et Fédération française de tourisme populaire de tendance chrétienne.

À partir des années 60, avec l'allongement des vacances, le boom de la demande, les aides comme le chèque-vacances, mais aussi la nécessité de promouvoir une gestion moderne et efficace, d'investir dans des constructions plus solides et plus belles, le secteur associatif s'est professionnalisé. Créé en 1971, le CECOREL, Centre de coopération pour la réalisation d'équipements de loisirs, organisme technique au service des associations, a œuvré dans cette direction.

■ Les aides au tourisme social et associatif

Il existe deux types d'aide :
– *Aides « à la pierre »*. Les associations peuvent recevoir des subventions et des aides techniques de l'État.
Ainsi, la Jeunesse et les Sports aide les centres de vacances et l'Agriculture les gîtes. Le Crédit hôtelier, le CNCA, la Caisse des dépôts ou le Crédit coopératif consentent des prêts à des taux attractifs. Régions et départements pratiquent l'aide financière aux équipements collectifs et aux créations de gîtes ou de village de vacances.

Les communes peuvent concéder des terrains gratuitement, subventionner des associations, gérer leurs propres villages de vacances ou les gîtes.

– *Aides à la personne*. Les comités d'entreprise, les caisses d'allocations familiales, les mutuelles, les œuvres sociales ou municipales et d'autres institutions peuvent aider les familles à très faibles revenus et leur permettre ainsi de partir dans les maisons familiales et les villages de vacances. Depuis 1982, les salariés défavorisés peuvent acquérir des chèques-vacances par versements mensuels. Ces chèques bénéficient d'une contribution de l'employeur (jusqu'à 80 %) et, parfois, du comité d'entreprise. Plus d'un million de familles bénéficient du chèque-vacances et près de 50 000 prestataires touristiques acceptent ce mode de paiement.

■ Un village de vacances de l'association Arts et Vie

Source : le village Arts et Vie de Chambon/DR

ÉCONOMIE

INFRASTRUCTURES

TOURISME CULTUREL

TOURISME BLEU

TOURISME VERT

TOURISME MONTAGNARD

Les moyens de transport

Au siècle dernier, le tourisme était limité pour des raisons sociales et par des temps de transport longs. En revanche, depuis la fin de la Seconde Guerre mondiale, les progrès énormes du train, de l'avion et de l'automobile ont favorisé sa progression.

Tourisme et transports

☐ Le tourisme de masse demande une énorme capacité de charge, d'où les phénomènes de saturation de juillet-août sur les autoroutes, les lignes aériennes, dans les car-ferries. Il implique aussi la rapidité, qui permet de consacrer le temps maximal aux vacances (d'où les progrès des transports aériens et des TGV pour les longues distances), l'ubiquité (on veut aller partout) et la fiabilité.

☐ L'impact des transports sur le tourisme est important. Le percement des tunnels routiers alpins a favorisé l'essor du ski et du tourisme estival de montagne. De même, le tunnel sous la Manche devrait bénéficier aux tourismes balnéaire et culturel dans le Nord. En revanche, les axes autoroutiers Paris-Lyon-Méditerranée et Paris-Bordeaux-Espagne favorisent seulement la traversée des régions.

☐ Les touristes qui séjournent en France utilisent massivement leur voiture personnelle : 77 % en hiver et 85 % en été. Le train a plus d'adeptes l'hiver que l'été : le taux fluctue de 17 à 9 % ! Le car a peu d'adeptes, avec 2 à 2,5 %, un peu moins que l'avion, pris l'hiver (jusqu'à 4 %) plus que l'été (autour de 3 %). Le bateau joue un rôle très marginal : 0,6 % l'hiver et 0,8 % l'été.

Les réseaux de communication

☐ Le réseau autoroutier, en pleine expansion, facilite les grands flux saisonniers. Le réseau secondaire, important, est en bon état. La route est massivement utilisée par les touristes individuels (voitures, caravanes, camping-cars), mais elle intéresse aussi les autocaristes, présents dès le début du siècle. L'autocar convient parfaitement aux tours de ville et aux voyages forfaitaires de groupe : bon rapport qualité-prix, souplesse d'utilisation, convivialité. L'AGETRANS, Association française des autocaristes de tourisme, regroupe plus de 400 membres, dont la moitié possède plus de 10 véhicules. La location de voitures prend actuellement beaucoup d'extension (Hertz, Avis, Europcar).

☐ Les TGV écourtent considérablement les temps de parcours : Paris-Lyon en 2 heures et Paris-Bordeaux en 3 heures, à 300 km/h. Eurostar, par le tunnel sous la Manche, met Londres à 3 heures de Paris. Mais le rail, ce sont aussi les voyages confortables grâce à la Compagnie des wagons-lits et les expériences insolites des « trains de croisières », comme le *Nostalgie Istanbul Orient-Express* : des entreprises louent des wagons luxueux pour des voyages de grand standing.

☐ Le touriste a recours à l'avion pour entrer en France ou pour en sortir. Les lignes intérieures (Air Inter, compagnies régionales) sont de plus en plus utilisées, notamment pour les préacheminements vers les aéroports de départ.

☐ Avec les croisières, transport et hébergement se confondent. La France compte encore peu de croisiéristes (80 000 contre 160 000 en Allemagne). Les autres excursions maritimes ou fluviales et la plaisance caractérisent les autres types de tourisme sur l'eau.

■ Les autoroutes

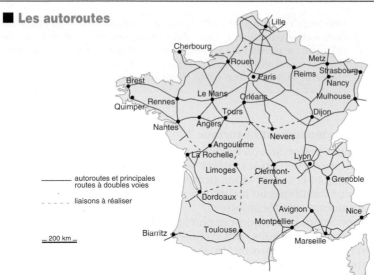

autoroutes et principales
routes à doubles voies

- - - - - liaisons à réaliser

200 km

■ Le TGV et le train d'agrément

Trois heures de Lille à Lyon sans passer par Paris. C'est une révolution dans un pays centralisé comme la France où toute grande ligne devait partir de Paris. Mais le TGV provoque d'autres révolutions. Ainsi, la gare Charles de Gaulle-Roissy, à l'architecture novatrice, est un véritable nœud de communications entre l'avion, l'autoroute, le RER et, bien sûr, le TGV. Cela facilite le tourisme international. À peine descendu de l'avion, on prend le TGV pour Lille, Londres ou Lyon. Il paraît donc loin le temps des locomotives poussives et des escarbilles dans les yeux. Pourtant, la nostalgie aidant, les touristes sont charmés par les petits trains qui, des Cévennes à la baie de Somme, ont repris du service dans la montagne ou au bord des rivières. Ils avancent lentement et donnent ainsi le temps d'admirer le paysage, les cascades et les clochers.

■ Le tourisme sur l'eau

– *Les croisières maritimes.* Le grand confort et le dépaysement sont assurés.

Les paquebots sont équipés pour les loisirs : piscine, salle de spectacles, casino, animation. Les escales sont l'occasion de visites de villes et de régions. De plus en plus se développent les croisières à thème, par exemple une croisière des beaux-arts au Japon, avec conférences, table réputée, loisirs multiples, visites aux escales.

– *Les excursions.* Ce sont des périples courts d'une journée au maximum, vers des îles proches des côtes, sur une rivière ou sur un lac (Annecy, le Bourget, lac Léman). La Seine accueille plus de 5 millions d'excursionnistes par an, les îles bretonnes sont assidûment fréquentées l'été.

– *La plaisance.* On recense actuellement près de 700 000 bateaux et 200 ports de plaisance. La location concerne 600 entreprises.

– *Le tourisme fluvial.* Fondé sur la location de bateaux équipés, il fait vivre une centaine d'entreprises.

ÉCONOMIE
INFRASTRUCTURES
TOURISME CULTUREL
TOURISME BLEU
TOURISME VERT
TOURISME MONTAGNARD

Les monuments historiques

Le tourisme contemporain repose très largement sur la visite de monuments historiques. Une législation sévère, qui date de la Révolution, a permis de protéger un certain nombre de monuments du vandalisme ou de l'ignorance coupable qui en fait accepter la dénaturation ou la démolition.

▰▰▰ Qu'est-ce qu'un monument historique ?

☐ On appelle monument historique un édifice « dont la conservation présente, du point de vue de l'histoire ou de l'art un intérêt public », comme un château ou une église, ou bien un objet dont la conservation présente aussi un intérêt public, d'ordre historique, esthétique, scientifique ou technique, comme une statue, une tapisserie, un meuble, une automobile, une locomotive.

☐ Cette notion de monument historique a connu un élargissement. Au sens premier du terme, les monuments historiques sont commémoratifs comme par exemple un arc de triomphe ou un monument aux morts. Dans une acception plus large et symbolique, le monument historique intéresse en raison de l'histoire qu'il cristallise, mais aussi de sa valeur esthétique et de sa charge émotive. Le XXe siècle étend la notion à l'architecture rurale ou industrielle.

▰▰▰ Les premières mesures de protection

☐ La nécessité de protéger le patrimoine architectural s'impose pendant la Révolution, au cours de laquelle beaucoup de châteaux et d'abbayes furent détruits. C'est la Monarchie de Juillet qui crée l'Inspection générale des monuments historiques (1830) et qui charge une Commission des monuments historiques de répartir les crédits de l'État pour les édifices pris en charge (1837).

☐ La Commission des monuments historiques fit appel à l'architecte Viollet-le-Duc dès 1840. Il a restauré la Sainte-Chapelle, Vézelay, Carcassonne, Pierrefonds, etc.

▰▰▰ La législation moderne

☐ La loi de 1913, modifiée et complétée en 1927 et en 1985, constitue la charte des monuments historiques pour lesquels trois situations de protection sont prévues :
– Le classement comme M.H. se fait par arrêté ministériel, après consultation de la Commission supérieure des Monuments historiques et avis du propriétaire.
– L'instance de classement permet de sauvegarder un monument directement menacé (altération grave, démolition…), sans consultation préalable du propriétaire. Cette procédure débouche sur un classement définitif au bout d'un an.
– L'inscription sur l'Inventaire supplémentaire se fait sur décision du Commissaire de la République après avis de la Commission régionale du Patrimoine (fonctionnaires et personnalités qualifiées). L'accord du propriétaire n'est pas nécessaire.
Des avantages fiscaux substantiels sont concédés au propriétaire pour compenser ses frais de gestion et d'entretien (situations 1 et 3).

☐ La loi de 1913 instaurait un périmètre de protection des monuments historiques (dans un rayon de 500 m). Elle devient caduque dans le cas où le monument appartient à un secteur sauvegardé (loi Malraux de 1962) ou à une ZPPAUP (zone de protection du patrimoine architectural urbain et paysager, lois de 1983).

LA DIVERSITÉ DU PATRIMOINE

■ Typologie des monuments

Le nombre des édifices et des objets protégés s'accroît régulièrement. Actuellement, on compte près de 13 000 édifices classés et plus de 21 000 inscrits, près de 110 000 objets classés et près de 80 000 objets inscrits. Ce patrimoine comprend :

– *Les sites préhistoriques et historiques* : de la grotte de Lascaux au théâtre romain d'Orange, ces sites représentent 15 % des monuments classés.

– *Les édifices religieux* : les chapelles, les églises, les cathédrales et les abbayes, les croix et les calvaires représentent près de la moitié des édifices classés. Leur intérêt est à la fois historique, culturel et artistique. Toutes les régions sont concernées.

– *Les châteaux et les manoirs* avec les éléments d'architecture militaire comme les tours ou les remparts de villes représentent 15 % des monuments historiques. La Normandie, les pays de Loire, l'Alsace et l'Île-de France sont les régions les plus riches.

– *Les édifices civils* : des hôtels ou des immeubles urbains, des ponts et aqueducs et, de plus en plus, des édifices et objets des cultures rurales et industrielles. Ainsi, tous les moulins du département du Nord sont protégés et, dans toute la France, de nombreux bâtiments ruraux sont déjà classés. Dans le domaine scientifique et technologique, on a classé aussi bien des automobiles (collection Schlumpf à Mulhouse) que des bateaux, des locomotives, des avions, des bâtiments industriels (halles Baltard, manufactures, usines, etc.).

■ L'administration des sites

Selon leur appartenance et leur gestion, on distingue trois types de sites culturels :
– *Les sites de la Direction du patrimoine*, créée en 1978. Sous la tutelle de cet organisme, la Caisse nationale des monuments historiques et sites assure l'organisation des visites, l'information du public, l'animation et la restauration. L'arc de Triomphe, Chambord, Aigues-Mortes ou le château d'If relèvent de la DP.

– *Les palais nationaux affectés à la Direction des musées de France* : le Louvre, Fontainebleau ou le château de Pau.

– *Les monuments historiques privés.* Certains appartiennent à des collectivités régionales ou locales (tour Eiffel, palais des Papes d'Avignon), d'autres à des particuliers (Chenonceau).

■ Palmarès des sites culturels

Voici les 25 premiers sites culturels dont les entrées sont comptabilisées.

Sites culturels	Entrées en 2000
Tour Eiffel	6 152 032
Louvre	6 100 000
Centre Pompidou	5 122 000
Château de Versailles	2 872 988
Musée d'Orsay	2 490 281
Arc de Triomphe	1 335 117
Mont Saint-Michel	1 078 266
Chenonceau	850 000
Musée de l'Armée, Paris	843 509
Sainte Chapelle	794 041
Chambord	743 305
Palais de la Découverte	636 691
Palais des Papes, Avignon	616 432
Musée Grévin	600 000
Musée Rodin	560 542
Tour Montparnasse	550 000
Haut Koenigsbourg	533 194
Musée Picasso, Paris	527 379
Musée de l'Opéra	510 160
Galerie de l'Évolution	483 954
Hospices de Beaune	443 443
Mémorial de Caen	408 565
Tapisserie de Bayeux	406 576
Musée d'art moderne, Paris	402 444
Château des ducs de Bretagne	386 185

Source : Observatoire national du tourisme – Direction du tourisme – Memento du tourisme (2001).

ÉCONOMIE

INFRASTRUCTURES

TOURISME CULTUREL

TOURISME BLEU

TOURISME VERT

TOURISME MONTAGNARD

Les sites protégés

> À la campagne comme à la ville, des sites qui, soumis à la législation générale d'occupation des sols n'échapperaient pas à la disparition ou à la dénaturation, peuvent bénéficier de classements et de protections efficaces. Des lois successives, de 1930 à nos jours, ont ainsi permis de sauvegarder un superbe patrimoine.

Qu'est-ce qu'un site ?

Un site est un paysage, naturel, rural ou urbain, considéré comme précieux pour le patrimoine national. C'est donc aussi bien un village qu'une vallée, un lac qu'un parc aménagé, les quais de Paris que le gouffre de Padirac. Son intérêt peut être esthétique, historique, culturel, scientifique. Ainsi le Mont-Saint-Michel surprend à la fois par sa situation géographique (îlot granitique, bancs de sable, amplitude des marées), sa beauté, son architecture rare, son histoire (l'abbaye et les pèlerinages).

Sites classés et sites inscrits (loi de 1930)

□ Les « sites classés » sont les mieux protégés puisqu'aucun travail ne peut y être entrepris sans autorisation ministérielle. Les aménagements nécessaires pour l'entretien des lieux doivent respecter le site et s'y intégrer. Plus de 7 500 sites sont actuellement classés.

□ Les « sites inscrits à l'inventaire » le sont par accord amiable avec les propriétaires ou bien le sont d'office. L'État n'a qu'un rôle consultatif sur les travaux engagés.

Les secteurs sauvegardés

La loi Malraux du 4 août 1962 était destinée à empêcher la démolition des quartiers anciens des villes. Elle « sauvegarde » des secteurs retenus pour leur unité architecturale, leur valeur urbanistique et leur intérêt historique. Mais rien n'est figé : restaurations et rénovations s'y conjuguent, selon un plan de sauvegarde et de mise en valeur (PSMV) adopté après accord du conseil municipal et enquête publique. L'architecte des bâtiments de France est le garant de la conformité des constructions avec le PSMV. Exemple : à Béziers, un PSMV couvre les quartiers anciens, le jardin des Poètes et un large secteur au pied de la ville (9 écluses, pont médiéval, etc.).

Les ZPPAUP

Créées par la loi du 7 janvier 1983, dans le cadre de la décentralisation, les zones de protection du patrimoine architectural urbain et paysager protègent un patrimoine urbain (soit en continu, soit par éléments discontinus) pour son intérêt géographique, paysager et culturel. Elles peuvent concerner aussi un paysage (loi de janvier 1993) ou un site archéologique. La procédure de création associe la commune, le commissaire de la République et l'architecte des monuments historiques, garant de la conformité des plans d'aménagement et de construction aux règles de la ZPPAUP : interdictions, directives architecturales, choix des matériaux, etc. Ces règles concilient la défense du patrimoine et la nécessaire évolution de la ville. Elles se substituent parfois à la législation sur les sites classés ou à la protection des abords des monuments historiques (rayon de 500 m). Actuellement, 106 ZPPAUP ont vu le jour, dont 70 % sont rurales.

■ Le POS

– *Un POS* (plan d'occupation des sols) permet à une commune, en association avec l'État et, s'ils en font la demande, avec le département, la région et les chambres consulaires, de décider de ses aménagements et des conditions d'utilisation de ses espaces à partir de la distinction de zones urbaines (zones U du plan) et de zones naturelles (zones N). L'élaboration du POS est démocratique : il est soumis à une enquête publique qui permet d'introduire des modifications.

– *Les zones U.* Pour stopper l'urbanisation sauvage créatrice de gaspillages, d'anarchie constructive, de banlieues laides et sans âme, on délimite différents secteurs en édictant des règles de constructibilité et en prévoyant la place des équipements futurs. Éventuellement, le POS intègre un PSMV, une ZPPAUP, un monument historique et son rayon de protection (500 m). Le COS, coefficient d'occupation du sol qui exprime le nombre de m^2 de planchers hors œuvre permis par m^2 du sol, figure aussi dans le document.

– *Les zones N,* ou zones naturelles, qui constituent des richesses économiques (agriculture, forêt), écologiques, historiques ou archéologiques et esthétiques (beauté paysagère), sont classées en quatre catégories : NA, zone pour l'urbanisation future ; NB, zone peu protégée où existent déjà des constructions et des équipements et où les autorisations de construire sont très limitées (sur le dixième du terrain) ; NC, zone à protéger pour la valeur agricole ; ND, zone à protéger en raison de l'existence de risques ou de nuisances ou bien de la qualité des milieux naturels et des sites, sur les plans écologique et esthétique. ND concerne donc directement la protection du paysage et l'intérêt touristique.

Un exemple de POS

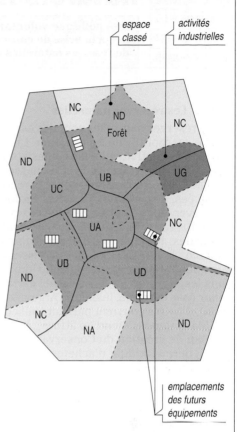

espace classé — activités industrielles

emplacements des futurs équipements

■ Les schémas directeurs

Ce sont des sortes de POS intercommunaux : ils concernent en effet le périmètre de plusieurs communes. Celles-ci élaborent elles-mêmes un tel schéma ou le confient à un établissement intercommunal. La procédure ressemble à celle du POS. Le schéma fixe « les orientations fondamentales de l'aménagement », compte tenu de l'équilibre entre l'extension urbaine, les activités agricoles et économiques, la préservation des sites.

ÉCONOMIE
INFRASTRUCTURES
TOURISME CULTUREL
TOURISME BLEU
TOURISME VERT
TOURISME MONTAGNARD

Les réserves et parcs naturels nationaux

Une politique volontariste de protection des espaces naturels, liée à la prise de conscience écologique, a conduit à la création de réserves naturelles et de parcs naturels nationaux.

■■■■ Les réserves naturelles

☐ Les réserves naturelles sont des espaces protégés contre toute intervention artificielle susceptible de les dégrader. Créées par décret (loi de 1977) après consultation des collectivités locales, elles sont ouvertes au public selon des règles précises : la cueillette, la pêche et la chasse sont interdites ; il n'y a pas d'hébergement. Il s'agit d'assurer la survivance et la reconstitution d'espèces végétales ou animales menacées, de préserver des sites géologiques et des biotopes rares ou fragiles, de conserver leur valeur esthétique aux paysages naturels.

☐ Les 104 réserves naturelles concernent des milieux très variés : forêts, zones montagnardes, marais, tourbières, cirques glaciaires, etc. Leur superficie est très variable : 1,5 hectare pour les narcisses des îles de Glénan, mais plus de 13 000 hectares pour la Camargue. Beaucoup jouxtent un parc naturel ou s'y intègrent, comme dans les Alpes ou les Pyrénées. Si certaines se cantonnent à un biotope très particulier (par exemple, le banc d'Arguin, en milieu marin, à l'entrée du bassin d'Arcachon), d'autres couvrent plusieurs milieux : la réserve de la presqu'île de la Caravelle, à la Martinique, s'étend au littoral, à des savanes, à une forêt tropicale.

☐ La loi de création du Conservatoire de l'espace littoral ou des rivages lacustres (1975) permet à l'État d'acheter des terrains, de les réhabiliter et de les confier aux collectivités locales.

■■■■ Les parcs naturels nationaux

☐ Selon la définition internationale, un parc naturel national doit offrir des espaces sauvages, des sites, une flore et une faune caractéristiques, tous strictement protégés. Toutefois, il peut être visité. En France, les parcs naturels nationaux ont été créés par décret, après consultation des collectivités locales (conseils municipaux et régionaux, chambres d'agriculture et de commerce...) et du Conseil national de la protection de la nature. Une loi de 1960 prévoit pour leur gestion un conseil d'administration mixte : représentants des administrations et des collectivités locales. Les terrains appartiennent à l'État, aux communes ou à des propriétaires privés (23 %).

☐ Un parc naturel national englobe trois types d'espaces : une « réserve intégrale », le parc proprement dit, la « zone périphérique ». Dans la réserve, dont l'accès peut être interdit, la flore et la faune sont étroitement protégées. Dans la seconde zone, les activités agricoles, pastorales et forestières sont permises mais réglementées. Par contre, la circulation automobile, la construction, la chasse, la pêche et le camping y sont interdits ou strictement réglementés. La « zone périphérique » est ouverte aux activités agro-pastorales et aux équipements d'accueil et d'hébergement. Les trois zones sont dotées de sentiers de randonnées et de refuges.

LA NATURE PROTÉGÉE

■ Les sept parcs naturels nationaux

Cinq parcs concernent les régions mon-tagneuses :
- La Vanoise, 52 839 hectares,
- Les Écrins, 91 800 hectares,
- Le Mercantour, 68 500 hectares,
- Le parc des Pyrénées occidentales, 84 410 hectares,
- Le parc des Cévennes, 2 994 hectares.

Les deux autres concernent des régions maritimes :
- L'île de Port-Cros, 694 hectares, mais 2 994 hectares avec la zone maritime,
- Le parc national de la Guadeloupe, 18 000 hectares de forêt tropicale.

■ Le parc de la Vanoise

Premier parc national français créé en 1963, il concerne 29 communes du département de la Savoie, entre les hautes vallées de l'Isère (la Tarentaise) et de l'Arc (la Maurienne). Il correspond au massif de la Vanoise, qui culmine à 3 852 m (Grande Casse) et possède une centaine de pics à plus de 3 000 m d'alti-tude. Ce parc est remarquable par les paysages de haute montagne, les alpages et les glaciers, la flore alpine et arctico-glaciaire (renoncule des glaciers, silène Acaule), la faune (chamois, bou-quetin, marmotte, lièvre variable, lago-pède). 600 km de sentiers balisés, 35 refuges dont quatre ont un rôle d'infor-mation (Portes du parc) s'offrent aux ran-donneurs. La zone périphérique, en Maurienne et en Tarentaise, est très bien pourvue en équipements résidentiels.

■ Une réserve naturelle, l'étang du Cousseau

Située derrière le cordon dunaire de la côte aquitaine, dans la forêt de Lacanau, la réserve de l'étang du Cousseau est un lieu de passage ou d'hivernage d'oiseaux migrateurs. Les haltes ménagées au bord du sentier et de la piste cyclable qui conduisent à l'étang permettent la connaissance du milieu : arbres (pin maritime, arbousier, chêne vert) et leurs hôtes (coucou, fauvette, cigale...), expli-cation des procédés du gemmage, utili-sation du pin maritime (scierie, papete-rie, bois), rappel des incendies, ruches, étude des traces d'animaux. L'intérêt de cette réserve est triple : beauté du site et de l'étang, connaissance de la nature, plaisirs de la randonnée.

ÉCONOMIE

INFRASTRUCTURES

TOURISME CULTUREL

TOURISME BLEU

TOURISME VERT

TOURISME MONTAGNARD

Les parcs naturels régionaux

Les parcs naturels régionaux, nés d'une loi de 1969, sont des espaces habités sans interdictions particulières. On y conjugue la sauvegarde de la nature et la promotion économique.

▆▆▆▆ Trois grands objectifs : protéger, maintenir, développer

☐ Il s'agit de préserver la nature – y compris par la création de réserves naturelles –, les monuments en péril et l'architecture rurale, expressions d'une culture.

☐ La population d'un parc naturel régional a les mêmes activités qu'ailleurs, mais l'accent est mis sur le maintien des activités agricoles et artisanales en difficulté et sur la création de nouvelles activités.

☐ Dès le début, ces parcs ont privilégié les aménagements de loisirs, mais il s'agit avant tout d'éveiller à la connaissance d'un pays (nature, faune, flore, activités économiques) et de favoriser les tourismes vert, culturel et sportif.

▆▆▆▆ Création et gestion

☐ Un parc naturel régional n'existe que si ses habitants le demandent et si la Région a l'initiative de sa création. Elle établit d'abord une charte, en liaison avec les collectivités locales et les organismes concernés. Cette charte doit contenir la définition de l'organisme de gestion, le plan du parc (limites, équipements, zonage), les dispositions juridiques, les projets d'équipement, le plan de financement. Dès son acceptation par le ministre chargé de l'Environnement, le parc peut être créé.

☐ La gestion est, la plupart du temps, assurée par un syndicat mixte qui associe les collectivités locales et les organismes publics ou professionnels, de l'Office national des forêts aux chambres de commerce et d'agriculture. Le conseil d'administration est composé de membres de ces diverses instances. Il vote le budget, fixe les grandes orientations et nomme le directeur qui, assisté par son équipe, administrera et gérera le parc. Le financement est conjointement assuré par la Région, le Département et les subventions de l'État (DATAR, missions interministérielles).

▆▆▆▆ Diversité des aménagements

En liaison directe avec la promotion du tourisme, un parc naturel régional développe des infrastructures diverses : sentiers-découverte, gîtes d'accueil, centres d'initiation à la connaissance du milieu (avec stages et circuits guidés), écomusées, expositions, bâtiments réhabilités, réserves naturelles, ateliers d'artisans...

▆▆▆▆ La géographie

☐ Les parcs naturels régionaux, qui couvrent 5 % du territoire, sont plus nombreux à l'est d'une ligne Bordeaux-Reims. La superficie est très variable, des 10 300 hectares de Saint-Amand-Raismes aux 285 000 hectares des volcans d'Auvergne.

☐ Ils correspondent à trois grands types d'espaces : zones de montagne (Vosges, Jura, Alpes, Massif central, Corse), zones boisées (Saint-Amand-Raismes, forêt d'Orient, Brotonne, Landes de Gascogne, Martinique), zones humides (Brière, Marais poitevin, marais du Cotentin, Brenne, Camargue).

L'IMPLANTATION DES PARCS NATURELS RÉGIONAUX

■ Carte des parcs naturels régionaux

■ Un exemple : le parc naturel régional d'Armorique

Créé en 1969, sur 90 000 hectares, il couvre les monts d'Arrée, l'estuaire de l'Aulne, la presqu'île de Crozon et l'archipel d'Ouessant. On y passe donc de la « montagne » (380 m) à l'océan.

Les aménagements reflètent la variété des pays : musées dans des maisons traditionnelles, écomusées (Ouessant, monts d'Arrée), circuits balisés, centre d'artisanat.

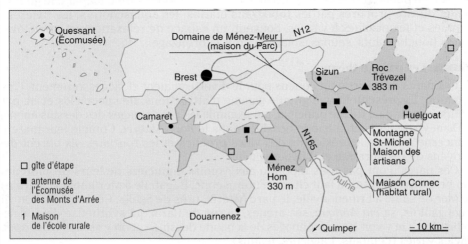

ÉCONOMIE
INFRASTRUCTURES
TOURISME CULTUREL
TOURISME BLEU
TOURISME VERT
TOURISME MONTAGNARD

Les parcs de loisirs

Hormis les parcs animaliers, qui bénéficient d'une vieille tradition, les parcs de loisirs, lieux d'activités ludiques, sont de création récente, à partir des années 60. On estime généralement que l'ensemble de ces parcs concerne un important marché de 30 millions de visiteurs.

Une typologie difficile

La notion de parc de loisirs prend parfois un sens très extensif. À cette catégorie appartiendraient aussi bien Disneyland Paris qu'un arboretum, un écomusée ou un parc aquatique... Si l'on s'en tient au sens des mots « parc » et « loisir », la définition est plus restrictive : il s'agit d'espaces clos, aménagés *ex nihilo*, où l'on vient profiter de spectacles et d'activités ludiques, retrouver les héros chers à l'enfance, regarder des animaux.

Zoos et parcs animaliers

☐ De la Révolution, qui crée le premier jardin zoologique du Jardin des Plantes, aux zoos du XXe siècle, les animaux ont été longtemps présentés au public dans des cages exiguës. En 1931, le parc zoologique du bois de Vincennes est le premier à les montrer en semi-liberté.

☐ Aujourd'hui, les nombreux zoos des grandes villes ont adopté la formule, et les nouveaux parcs animaliers laissent les animaux en liberté dans un cadre plus naturel. Ainsi, à Saint-Vrain, dans l'Essonne, sur 130 hectares, un parcours en monorail, un safari-voiture et un safari-bateau permettent de traverser les enclos des mammifères et d'approcher les îles aux oiseaux et aux singes.

Les parcs aquatiques

Ces parcs, en plein essor, proposent un ensemble d'installations et d'activités liées à l'eau. Le public retrouve les joies de la mer, les émotions du Lunapark, le goût du jeu et du rire procurés par les toboggans marins, les aquascooters, les rivières à rapides et les piscines à vagues. Souvent, un espace de relaxation est prévu avec bains bouillonnants, saunas, solarium pour le bronzage.

Les parcs à thème

☐ Ces parcs de loisirs sont conçus pour le divertissement et, accessoirement, l'instruction. Ils présentent une grande gamme d'attractions, de spectacles et de parcours à partir d'un thème principal, par exemple les personnages des dessins animés à Disneyland Paris et la bande dessinée dans le Parc Astérix. Comme leur marché concerne à la fois les résidents des villes proches et les touristes, ils offrent des moyens de restauration et d'hébergement.

☐ Ces parcs n'ont pas tous répondu aux espoirs financiers de leurs promoteurs. Au titre des réussites, il faut citer le Futuroscope, Bagatelle à Merlimont (Picardie), la Mer de sable à Ermenonville, le parc Astérix, près de Senlis. Ce dernier a son village gaulois, sa *via Antiqua*, ses arènes, sa rue de Paris qui synthétise des siècles d'histoire. On y voit les personnages de la bande dessinée et on y assiste à des spectacles variés (combats, jongleurs, festins).

■ La création d'un parc de loisirs à thème

Cette création nécessite une étude de viabilité à l'intention des partenaires éventuels. Elle comprend l'étude des données naturelles (géologie, végétation, site), foncières (acquisition des terrains), techniques (infrastructure routière, plans d'urbanisme, équipements collectifs), commerciales (besoins des clients et dépenses potentielles). L'étude de faisabilité présente les partenaires et le projet : site, accès, maîtrise foncière, éléments de l'équipement du parc, programme de construction, coût de ces réalisations, financements. Il restera à choisir un leader de l'opération, à lancer des appels d'offre, à réaliser le projet.

■ Les partenaires

– *Partenaires publics* : l'État peut consentir des réductions de TVA, accorder des prêts à taux préférentiel, prendre en charge certaines infrastructures (le RER pour Disneyland Paris), devenir participant direct (rôle de la Caisse des dépôts et consignations), engager la DATAR ; les collectivités locales peuvent participer financièrement, sous des formes diverses.
– *Partenaires privés* : institutions financières (banques, groupes d'assurances) par prise de participation directe ou prêts accordés, firmes de constructions (exemples : Bouygues, J. Lefevre), entreprises touristiques (exemples : Club Méditerranée, Accor).

■ Les loisirs et la culture

Depuis les années 60 ont été aménagés des espaces où se réalise la synthèse entre le parc de loisirs à thème et le musée. Ils répondent en même temps aux besoins de divertissement, de rêve, de participation et de culture.

Plusieurs musées océanographiques s'apparentent à ce nouveau type d'espace. Ainsi, à Boulogne, le centre Nausicaa permet l'observation des poissons dans d'immenses aquariums. On peut caresser les raies dans le « bassin tactile » et se croire au milieu des requins qui évoluent dans des pyramides de verre inversées. Les images fixes géantes, les cassettes, la vidéo permettent d'assister à la manœuvre d'un chalut. À Brest, le centre Océanopolis, créé en 1990, avec ses aquariums, son auditorium, ses simulateurs de navigation, est devenu la curiosité de Bretagne la plus visitée : plus de 400 000 entrées par an ! D'où le projet de la ville de Brest : multiplier la capacité du Parc par 8 !

Les parcs préhistoriques, tels Samara, près d'Amiens, ou l'archéodrome de Beaune, offrent des parcours de nature et des reconstitutions d'habitats et d'ateliers où ont lieu des démonstrations.

Ouvert en 2002, Vulcania est un parc de loisirs et de culture consacré aux volcans et aux sciences de la terre. À 15 km de Clermont-Ferrand, sur trois niveaux dont deux souterrains, ce parc permet de découvrir un cône, un cratère, une caldeira reconstitués, une « galerie du grondement » et un jardin volcanique. Des ateliers pédagogiques, un centre de documentation, une salle de projection ajoutent un intérêt didactique au parcours surprenant proposé aux visiteurs.

Le parc de la Villette (p. 59) et le Futuroscope de Poitiers sont des parcs du futur. Le Futuroscope comprend un espace de jeux, un théâtre alphanumérique, un secteur de l'image (cinéma en relief, écran géant, films en 60 images/seconde).

ÉCONOMIE

INFRASTRUCTURES

TOURISME CULTUREL

TOURISME BLEU

TOURISME VERT

TOURISME MONTAGNARD

Les pôles urbains

Les villes polarisent 21 % des séjours d'agrément des Français en été et 25 % en hiver, en France comme à l'étranger. C'est dire l'importance du tourisme urbain. Au-delà des attraits culturels, beaucoup de villes attirent des flux importants pour les congrès, les affaires, les manifestations diverses ou les achats.

La typologie des espaces urbains

☐ Les espaces urbains polynucléaires et multipolaires présentent plusieurs noyaux d'accueil hôtelier et plusieurs pôles d'attraction touristique, d'où leur nom. Ce type caractérise Paris et les grandes capitales régionales. Ainsi, Strasbourg possède des hôtels dans le centre historique aussi bien qu'à proximité des routes d'accès ou des échangeurs et les pôles d'attraction sont nombreux : tourisme culturel (musées, monuments, sites urbains), gastronomie, tourisme d'affaires et de congrès...

☐ Les espaces urbains mononucléaires et unipolaires ont un seul noyau d'accueil hôtelier et un seul pôle touristique. Tel est le cas de beaucoup de villes moyennes et des cités d'art comme Avignon ou Carcassonne.

☐ Les situations intermédiaires ne manquent pas. Par exemple, une ville peut offrir plusieurs noyaux d'accueil et plusieurs pôles attractifs, comme la visite des monuments anciens, un festival de musique, une foire, un circuit automobile (Le Mans).

Le tourisme en milieu urbain

☐ Le site naturel, parfois exceptionnel, détermine le plan des villes et le pittoresque de leur situation : le Puy escalade le rocher Corneille, Besançon s'inscrit dans une courbe défensive du Doubs. Dans la ville, les « sites-décors » vont des quais de rivière aux quartiers escarpés et des parcs ou des grandes perspectives aux rues animées du quartier historique. Goûter une atmosphère particulière, observer la vie de la cité permettent une approche perceptive et personnelle d'une culture.

☐ Le tourisme urbain est essentiellement culturel. Ses supports sont les monuments historiques, les vieux quartiers, les musées, les festivals, les expositions.

☐ Les autres formes de tourisme sont le shopping (souvenirs, produits artisanaux, spécialités du pays...), les spectacles (théâtre, danse, grands matchs), le tourisme ludique, la gastronomie et, de plus en plus, le tourisme d'affaires et de congrès.

☐ En milieu urbain, la fonction touristique ne peut être isolée des autres fonctions : le touriste utilise les mêmes moyens de transport que les autochtones, les mêmes magasins ou les mêmes restaurants, fréquente les mêmes lieux publics.

Les problèmes techniques du tourisme urbain

☐ La croissance des villes, par cercles concentriques, jusqu'aux banlieues crée des problèmes techniques : accroissement des distances, difficultés d'accès, circulation pléthorique et stationnement problématique.

☐ L'hôtellerie s'est adaptée à ces nouvelles conditions. Ainsi, les grandes chaînes construisent des hôtels près des rocades ou des infrastructures pour les congrès. On accède alors aux lieux touristiques en métro ou en bus.

LA DIVERSITÉ DU TOURISME URBAIN

■ Lyon, capitale touristique

La grande cité rhodanienne et européenne, au confluent de la Saône et du
Rhône, offre une gamme touristique
complète.

– *Un espace multipolaire* : pôles culturels
(19 musées, monuments de la période
gallo-romaine à nos jours, biennales de
la danse et de l'art contemporain, festivals de musique, expositions, Théâtre
national populaire), paysages urbains
(hauteurs de Fourvière, vieux Lyon autour
de la rue Saint-Jean, colline de la Croix-
Rousse et souvenirs des canuts), quartiers centraux autour de la place Belle-
cour (dans la presqu'île formée par la
Saône et le Rhône), vie et coutumes
lyonnaises, tourisme d'affaires et de
congrès (Eurexpo), gastronomie célèbre,
tourisme sportif...

– *Un espace polynucléaire* : les hôtels
sont présents dans les quartiers centraux,
vers la gare de Perrache, dans le vieux
Lyon, aux sorties de la ville (très pratiques
avec le métro).

Dans l'espace touristique régional, Lyon
est un point d'entrée ou d'arrivée important (avion, TGV). On peut aussi la choisir comme centre générateur de jour-
nées-excursions dans le Beaujolais, vers
Saint-Étienne et le mont Pilat, Vienne et
les vignobles du nord des côtes du
Rhône, les Dombes, les lacs alpins...

■ Guérande, ville-musée

Au sud de la Bretagne, Guérande, vieille
cité historique établie près des marais
salants, est devenue une ville-musée :
les touristes font le tour des remparts de
granit du XVe siècle, flanqués de six tours,
visitent les deux églises et le musée
régional de la porte Saint-Michel, admi-
rent les vieilles demeures et les rues pittoresques. Guérande est donc un espace
touristique unipolaire.

Comme tous les hôtels se trouvent sur la
promenade circulaire que constituent ses
boulevards, la ville est mononucléaire.

Sa situation géographique en fait soit un
centre générateur d'excursions vers les
marais salants de la presqu'île, la côte
Sauvage, Le Croisic et la Baule, soit le
but d'une visite à partir des stations balnéaires.

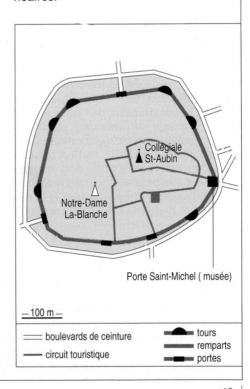

ÉCONOMIE

INFRASTRUCTURES

TOURISME CULTUREL

TOURISME BLEU

TOURISME VERT

TOURISME MONTAGNARD

Le tourisme d'affaires et de congrès

La France occupe le deuxième rang mondial pour deux nouveaux types de tourisme, très liés à la vie économique : le tourisme d'affaires, directement lucratif, et le tourisme de congrès.

▭▭▭ Un tourisme de réunion

☐ Le tourisme d'affaires concerne d'une part les foires, qui sont des manifestations commerciales où des échantillons sont exposés et des commandes enregistrées et d'autre part les salons, manifestations similaires où l'on présente les produits nouveaux. Foires et salons ont lieu à intervalles réguliers, dans un même endroit. Ils peuvent présenter un ou plusieurs thèmes (exemple : Salon de l'automobile, très spécialisé, la foire de Lyon, ouverte à toutes les activités) ; ils sont d'importance régionale, nationale ou internationale (présence de stands étrangers). Ces manifestations comportent aussi des aspects ludiques, et les visiteurs ont des besoins de restauration, d'hébergement, de divertissement identiques à ceux des touristes.

☐ Le tourisme de congrès s'effectue à la faveur de rencontres, d'une durée variable, au cours desquelles les congressistes font des communications, échangent des idées sur une problématique précise et peuvent prendre des décisions. Un congrès, même s'il réunit des industriels ou des commerciaux, n'est pas directement lucratif et sa dimension touristique est très importante.

▭▭▭ Aspects touristiques du tourisme de réunion

☐ Le lieu choisi l'est en fonction de ses aspects fonctionnel et touristique : les infrastructures, les services et l'équipement informatique doivent être adaptés, modernes, la ville choisie doit être dynamique et bien placée stratégiquement (exemple : Strasbourg, capitale européenne), prestigieuse par son histoire et ses richesses culturelles (exemple : Paris), accueillante du fait de sa situation géographique (Nice, grande ville de congrès, station balnéaire méditerranéenne).

☐ La dimension esthétique doit être prise en compte. Les participants sont en effet sensibles à la beauté d'un palais des Congrès ou du site qu'il occupe.

☐ Afin d'assurer l'hébergement et la restauration, les grandes chaînes ont construit des hôtels de luxe et des restaurants gastronomiques à proximité des centres de congrès : le « touriste » de congrès dépense en effet 3 ou 4 fois plus qu'un vacancier moyen ! Un palais des Congrès et les infrastructures d'hébergement occupent souvent un espace réduit. Ils seraient une enclave fermée de type mononucléaire (un secteur d'hébergement) et unipolaire (une seule activité) si la proximité de la ville ne les transformait pas en centres d'excursions possibles.

▭▭▭ Les activités touristiques annexes

Les visiteurs d'une foire ou les congressistes deviennent des touristes au sens classique lorsqu'ils quittent les lieux de leurs transactions ou de leurs réunions pour découvrir la ville et la région d'accueil (tourismes culturel et gastronomique), pour se détendre (tourismes balnéaire, montagnard) et pour effectuer des achats.

ASSOCIER L'ÉCONOMIE AU TOURISME

■ Les foires

Le nombre de visiteurs rend compte du dynamisme d'une région, de ses handicaps géographiques et économiques (insularité et situation économique difficile de la Corse par exemple) ou de ses atouts naturels (Aquitaine, Provence-Alpes-Côte d'Azur). Voici les dix grandes régions de foires, classées en fonction des entrées en 2000 :

– Rhône-Alpes	827 000
– Île-de-France	744 000
– PACA	653 000
– Alsace	520 000
– Pays-de-la Loire	504 000
– Aquitaine	427 000
– Lorraine	350 000
– Champagne-Ardenne	332 000
– Bretagne	309 000
– Bourgogne	294 000

Source : Fédération des foires et salons de France.

■ Les salons

La répartition par secteurs d'activités en 2000 est la suivante :

Agriculture, forêts, pêche	13
Alimentation, hôtellerie	8
Textiles, habillement	29
Bâtiments, travaux publics	5
Habitat, bureaux	39
Transports	6
Sécurité civile et militaire	2
Sports, loisirs, tourisme	27
Santé, hygiène	5
Équipements industriels	18
Environnement, énergie	5
Informatique, télécommunications	22
Commerce, services	16
Art, artisanat, antiquités	13

Source : Fédération des foires et salons de France.

■ Les établissements de congrès

Ce sont principalement des palais ou des centres de congrès mais aussi tout bâtiment pouvant offrir une salle aménagée de plus de 100 places. Les hôtels-restaurants, les châteaux, les abbayes, les parcs d'exposition ou les centres culturels peuvent alors, s'ils répondent à la contrainte de taille, accueillir des congrès.

■ Paris, capitale des congrès

Paris occupe la première place des villes de congrès dans le monde (plus de 350 par an). Le palais des Congrès, construit en 1974, se situe au croisement du périphérique et du grand axe Champs-Élysées-la Défense. Il offre, sur plusieurs étages, des halls d'exposition, des bureaux, des salles de réunion, un grand auditorium de 3 200 places (fauteuils équipés pour la traduction simultanée, aménagement acoustique remarquable), des cinémas, des boutiques, une discothèque, des restaurants, un parking et une gare routière. Il communique avec le Concorde-La Fayette, tour-hôtel de 1 000 chambres sur 42 étages, du sommet de laquelle on voit Paris et le Bois de Boulogne.

■ Bordeaux : le Salon de Vinexpo

Tous les deux ans, à la fin juin, dans le cadre du Parc des expositions de Bordeaux-Lac, a lieu Vinexpo, salon international consacré aux vins et réservé aux professionnels. Il compte 2 100 exposants et 50 000 visiteurs. Il est couplé avec Vinitech, salon du matériel et des techniques de vinification (400 exposants). Rencontres sur les stands, colloques, tractations, présentations et dégustations de vins allient le professionnalisme et le plaisir. À l'occasion de Vinexpo, tous les hôtels sont complets dans un rayon de 50 km. Des réceptions et des dîners dans les châteaux viticoles ont lieu chaque soir. Ce tourisme viticole et gastronomique est prolongé par des visites de vignobles. Les tourismes culturel (visite de Bordeaux) et balnéaire (excursion à Arcachon) ont aussi leur part.

ÉCONOMIE

INFRASTRUCTURES

TOURISME CULTUREL

TOURISME BLEU

TOURISME VERT

TOURISME MONTAGNARD

Paris capitale

Paris, qui incarne la France aux yeux du monde et des Français, possède un patrimoine culturel richissime et offre de multiples types de tourisme, du musée au congrès ou à l'excursion vers l'Île-de-France. C'est le premier foyer touristique du pays par le flux de touristes, la capacité d'accueil et les recettes.

Un pôle touristique majeur

□ Paris bénéficie de nombreux attraits : climat tempéré assez sec, site agréable (un amphithéâtre de buttes témoins, comme Montmartre ou la montagne Sainte-Geneviève, autour de la plaine de la Seine), multiples atouts historiques, culturels, artistiques, économiques.

□ Paris reçoit des flux énormes : plus de 15 millions de touristes par an, dont 8 millions d'étrangers. On compte 500 000 touristes par an à l'hectare dans la zone centrale, à l'intérieur de l'ellipse jalonnée par la tour Eiffel, le Panthéon, l'Île-Saint-Louis, le Marais, l'Opéra et l'Arc de triomphe.

□ L'hébergement à Paris s'améliore. Les hôtels parisiens sont restés marqués par la vétusté jusqu'en 1970 : 80 % des deux et trois étoiles dataient d'avant la guerre. À partir de cette date, le retard a été comblé : hôtels de luxe comme l'hôtel Hilton et le Sofitel Bourbon, suivis d'une floraison de quatre étoiles construits par les chaînes, y compris à la périphérie et près des aéroports. Aujourd'hui, Paris offre plus de 70 000 chambres homologuées et les une étoile sont minoritaires.

Le tourisme culturel

□ Le Paris artistique et historique offre de très beaux paysages urbains : célèbres quais de la Seine, quartier du Marais, rues escarpées de Montmartre avec leurs jardins, etc. Ils sont riches de souvenirs et de mythes. Les musées ont des collections exceptionnelles et les monuments sont représentatifs des différentes époques.

□ La promenade à pied, relayée par les bus ou le métro, est le meilleur moyen de voir Paris et de faire varier les centres d'intérêt, comme le suggère le plan de la page 53. Exemple : une promenade dans le quartier du Marais conjuguera la visite de la place des Vosges et des hôtels classiques, à celle des musées Picasso, Carnavalet (histoire de Paris), Cognacq-Jay, et à celle du secteur juif de la rue des Rosiers.

Les autres tourismes

Du tourisme littéraire sur la trace des poètes à la promenade automobile dans Paris illuminé, beaucoup de formes de tourisme sont possibles, mais trois sont à privilégier : ludique dans les théâtres de boulevard, dans les caveaux des chansonniers ou du Casino de Paris et à l'Olympia (variétés), le tourisme peut être aussi de flânerie et d'achats (souvenirs, produits de luxe, livres des bouquinistes, galeries d'art…), et enfin d'affaires et de congrès, en pleine expansion.

Le tourisme de proximité

Les 9/10 des touristes visitant l'Île-de-France sont hébergés à Paris, d'où ils rayonnent vers Fontainebleau, Versailles, Chantilly, les forêts et les châteaux, et même vers Chartres ou la Champagne (Reims, caves du champagne).

LE TOURISME À PARIS

■ L'hébergement

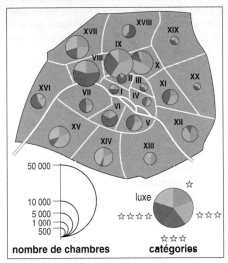

50 000
10 000
5 000
1 000
500
nombre de chambres

luxe

☆ ☆ ☆ ☆   ☆ ☆ ☆

☆ ☆ ☆
catégories

La répartition des hôtels reflète la structure Est/Ouest de la ville. À l'Ouest, riche d'activités commerciales et tertiaires et domaine des « beaux quartiers », correspondent les hôtels les plus luxueux.

Inversement, l'Est, plus populaire, est mal doté en hôtels de haut standing. La construction d'hôtels de luxe à partir des années 70 a restauré l'image de Paris auprès de la clientèle internationale.

■ Quartiers ou villages ?

Il n'est pas très loin le temps où certains quartiers de Paris vivaient comme des villages : on s'y retrouvait entre immigrants de la même province, on s'y parlait, on plaisantait en faisant son marché ou devant le comptoir du petit café, on y occupait le même emploi parce que le quartier était économiquement spécialisé. Les « villages » perdurent et certains secteurs gardent la douceur d'antan. Paris, ce sont les vieux quartiers du Marais, ceux de la zone des Grands Boulevards ou du XIᵉ arrondissement, mais aussi les quartiers monumentaux, les magasins de luxe des Champs-Élysées et l'immuable charme des quais et de Notre-Dame dans la lumière mordorée de l'automne.

■ Circuits parisiens

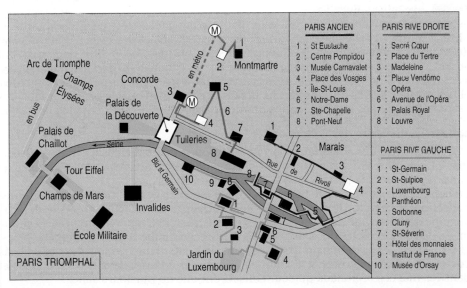

PARIS ANCIEN
1 : St Eustache
2 : Centre Pompidou
3 : Musée Carnavalet
4 : Place des Vosges
5 : Île-St-Louis
6 : Notre-Dame
7 : Ste-Chapelle
8 : Pont-Neuf

PARIS RIVE DROITE
1 : Sacré Cœur
2 : Place du Tertre
3 : Madeleine
4 : Place Vendôme
5 : Opéra
6 : Avenue de l'Opéra
7 : Palais Royal
8 : Louvre

PARIS RIVE GAUCHE
1 : St-Germain
2 : St-Sulpice
3 : Luxembourg
4 : Panthéon
5 : Sorbonne
6 : Cluny
7 : St-Séverin
8 : Hôtel des monnaies
9 : Institut de France
10 : Musée d'Orsay

ÉCONOMIE

INFRASTRUCTURES

TOURISME CULTUREL

TOURISME BLEU

TOURISME VERT

TOURISME MONTAGNARD

Les musées de France

La France compte quelque 2 000 musées publics ou privés qui la classent au quatrième rang mondial et qui attirent de plus en plus de visiteurs. Les statuts de ces musées et les collections présentées sont d'une remarquable variété. Depuis 1945, ils sont souvent devenus des centres culturels actifs.

La Direction des musées de France (DMF)

□ 1 200 musées publics relèvent du ministère de la Culture par l'intermédiaire de la Direction des musées de France, organisme de gestion ou de tutelle qui exerce un droit de préemption en vente publique des œuvres d'art et en contrôle l'exportation.

□ La Réunion des musées nationaux, établissement public depuis 1991, administre 38 musées nationaux. Elle assure l'accueil des visiteurs, la gestion commerciale, organise des expositions, acquiert des œuvres, édite des ouvrages. Les conservateurs sont des fonctionnaires d'État.

□ Certains musées sont classés. Au nombre de 32, ils sont municipaux et leurs conservateurs sont des fonctionnaires d'État. Ils sont placés sous tutelle de la DMF qui nomme les conservateurs, contrôle les dépôts d'œuvres, coordonne l'assistance scientifique et technique, l'inspection et les subventions. Les FRAM (Fonds régionaux d'acquisition des musées), créés en 1982, peuvent subventionner ces musées et participer à leur administration.

□ D'autres musées sont contrôlés. Les quelque 1 000 musées contrôlés de France ont des statuts divers (communaux, départementaux, associations loi de 1901) et leurs conservateurs ne sont pas fonctionnaires d'État. La DMF assure une tutelle de même nature que dans les musées classés et les FRAM peuvent intervenir.

Les autres musées

□ Les autres musées publics relèvent d'autres ministères que celui de la Culture. Ainsi, le musée de l'Homme dépend de l'Éducation nationale et celui de l'Armée dépend du ministère de la Défense. Les monuments historiques et l'Institut de France ont aussi leurs musées. La DMF exerce sa tutelle sur les écomusées. Certains musées parisiens relèvent de la Ville de Paris qui est, après l'État, le deuxième propriétaire de musées.

□ Les musées privés ont des statuts divers : ce sont des musées communaux, des associations ou des musées fondés par des particuliers. Il en existe plus de 1 000.

La diversité des collections

□ À la diversité des collections correspond souvent la spécialisation des musées. Ainsi, Lyon offre 19 musées, du très riche musée des Beaux-Arts au petit musée de l'Imprimerie et de la Banque et à la maison des Canuts.

□ Dans les villes de moindre importance, un même musée peut présenter différentes collections. Exemple : le musée de l'hôtel Sandelin, à Saint-Omer, présente des collections archéologiques, des sculptures médiévales, des œuvres picturales renommées, des bois sculptés du XIIIe au XVIIe siècle, des céramiques, une collection de pipes.

□ Les arts et les traditions populaires sont présents dans des musées spécialisés comme le musée des Arts et Traditions populaires à Paris, dans les écomusées et dans les musées régionaux qui leur consacrent une ou plusieurs salles.

D'INNOMBRABLES COLLECTIONS

- ● préhistoire, archéologie
- ○ arts et traditions populaires, arts décoratifs
- ● beaux-arts
- ○ sciences de la matière, technologie
- ◑ histoire naturelle, géologie
- ◎ histoire

Dijon : villes à musées essentiels

■ Villes à musées essentiels

Comme la carte le montre, une quinzaine de villes, parfois de moyenne importance, possèdent de prestigieux ensembles muséographiques (Nantes, Strasbourg, par exemple).

Il arrive aussi qu'un lieu soit doté d'un seul grand musée de prestige spécialisé, tel le musée national de Préhistoire des Eyzies, en Dordogne.

Ce que la carte ne peut montrer, c'est la densité exceptionnelle des grands musées de Paris et de l'Île-de-France. De même, il faut signaler l'extrême densité des musées des beaux-arts sur la Côte d'Azur.

ÉCONOMIE

INFRASTRUCTURES

TOURISME CULTUREL

TOURISME BLEU

TOURISME VERT

TOURISME MONTAGNARD

Les musées de Paris

À Paris, plus de cent musées, dont une vingtaine sont parmi les plus connus du monde, présentent un patrimoine culturel considérable. Les beaux-arts ont la plus belle part, mais les sciences et l'industrie bénéficient de lieux originaux et de présentations très didactiques.

■■■■ Un capital culturel

Les musées de Paris attirent des flux considérables de touristes français et étrangers. Ainsi, le Louvre agrandi accueille plus de 7 millions de visiteurs par an, la Cité des sciences et de l'industrie de la Villette en reçoit 6 millions, le musée d'Orsay 2 millions et demi. La plupart sont spécialisés, du Museum d'histoire naturelle au musée de l'Affiche et de la Publicité. Depuis une vingtaine d'années, de nouveaux musées, de conception très nouvelle, ont vu le jour : le centre Georges-Pompidou, la Cité des sciences et de l'industrie de la Villette, le musée d'Orsay, le musée Picasso…

■■■■ Classement thématique des principaux musées

☐ Beaux-arts

– *Le Louvre* doit son origine aux collections de François 1er (dont la *Joconde*) et de Louis XIV. Il renferme sept départements, d'une remarquable richesse.

– *Le musée du Petit-Palais* abrite des collections d'art antique et médiéval, des collections de peintures des XVIIIe, XIXe et XXe siècles.

– *Le musée d'art moderne* du centre Pompidou présente de riches collections sur l'art depuis le début du siècle.

– *Le musée d'art moderne de la Ville de Paris* expose des œuvres contemporaines.

– *Le musée Picasso* abrite la plus importante collection du célèbre peintre.

– *Le musée de Cluny* offre une visite des ruines des thermes romains et les 24 salles du musée, installées dans un hôtel du XVe siècle, sont dévolues à l'art médiéval dans toutes ses composantes. L'œuvre majeure est la tapisserie de la *Dame à la licorne*.

☐ Sciences, industrie, techniques

– *Le palais de la Découverte* présente une vulgarisation intelligente des connaissances scientifiques (schémas, films, démonstrations). Le planetarium initie à la connaissance du système solaire et de l'espace.

– *Le musée des Arts décoratifs* renferme des collections riches et variées et organise des expositions.

– *Le musée national des Techniques* : dans le cadre du Conservatoire national des arts et métiers, il offre une rétrospective de l'histoire des techniques : moyens de locomotion, agriculture, horlogerie, automates, énergie, verres et cristaux, radio.

– *La Cité des sciences et de l'industrie de la Villette* présente le bilan des sciences et des technologies modernes.

☐ Autres musées

– *Le musée de l'Homme* réunit de remarquables collections d'anthropologie et d'ethnographie. Il abrite des salles de documentation et une photothèque.

– *Le musée national des Arts et Traditions populaires*, ouvert en 1969, allie la présentation des collections à la recherche.

– *Le Museum d'histoire naturelle* compte parmi les plus riches du monde.

RICHESSE PARISIENNE

■ Où sont les musées ?

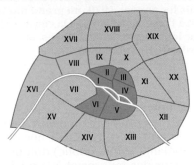

Les musées sont particulièrement concentrés dans les arrondissements qui correspondent au Paris médiéval (1, 2, 3, 4, 5, 6) et au Paris monumental, développé de Napoléon à nos jours (8, 9 et 16).

Arr.	Musées
1	Arts décoratifs, Arts de la mode, Orangerie (art moderne), Louvre
2	Cabinet des médailles et antiques
3	Carnavalet (histoire de Paris), Cognacq-Jay (art du XVIIIe siècle), Musée national des Techniques, musée Picasso
4	Musée national d'Art moderne, Maison de V. Hugo
5	Minéraux (université P. et M. Curie), Assistance publique, Cluny, Museum d'histoire naturelle
6	Minéralogie (École des mines), musée Zadkine
7	Armée, hôtel des Invalides, Orsay, musée Rodin
8	Musée Cernuschi (art chinois), Jacquemart-André (arts), musée Nissim-de-Camondo (XVIIIe s.), Petit-Palais, palais de la Découverte
12	Arts africains et océaniens
15	Musée Bourdelle
16	Art moderne (Ville de Paris), musée du Cinéma, musée Guimet (arts d'Asie), musée de l'Homme, musée de la Marine, musée Marmottan (impressionnisme), Arts et Traditions populaires
19	Cité des sciences de la Villette

■ De l'ancien au nouveau Louvre

Le Louvre a de tout temps agrandi et diversifié ses collections mais, par manque de place, il ne pouvait montrer toutes ses richesses. D'où le programme de rénovation et d'agrandissement mis en route en 1983, qui s'est achevé en 1996. Avec la décision de récupérer l'aile Richelieu, longtemps occupée par le ministère des Finances, le centre de symétrie du Grand Louvre devenait la cour Napoléon. C'est donc en son milieu et en sous-sol que l'architecte Pei a construit un vaste espace d'information et des locaux annexes : auditorium, salle consacrée à l'histoire du palais, services culturels, restaurants, services techniques, etc. En surface, on entre par la fameuse pyramide de verre.

Parallèlement, des restaurations ont eu lieu (cour Carrée) et des fouilles ont permis la découverte de niveaux anciens, du néolithique à l'époque de Charles VI.

L'aménagement de l'aile Richelieu (1993) a permis de consacrer 20 000 m² à 12000 œuvres nouvellement installées. Depuis 1996, les surfaces d'exposition ont doublé (de 30 000 à 60 000 m²), les surfaces d'accueil et de services pour les 4 millions de visiteurs ont été multipliées par 12 (de 1 800 à 22 000 m²), les surfaces destinées à l'administration et aux services scientifiques et techniques par 3 (de 24 000 à 77 000 m²).

Le Grand Louvre propose des conférences, des concerts, des films et, bien entendu, des parcours de visite rendus très attrayants par la discrétion des aménagements et l'utilisation de la lumière naturelle.

ÉCONOMIE

INFRASTRUCTURES

TOURISME CULTUREL

TOURISME BLEU

TOURISME VERT

TOURISME MONTAGNARD

Les nouveaux musées

Les musées du XIXᵉ siècle ressemblaient trop souvent à des conservatoires académiques. Depuis les années 1970, un grand mouvement de rénovation a conduit à l'aménagement et à la construction de musées très nouveaux par leurs aspects didactiques, la valorisation de leurs objets, la hardiesse architecturale.

▬▬ Les nouvelles conceptions muséographiques

Les conceptions muséographiques ont évolué : les nouveaux musées sont des espaces ouverts et dynamiques où les œuvres doivent « respirer » sous une lumière naturelle, où un public très large (scolaires, étudiants, grand public) doit pouvoir s'informer et se cultiver grâce à la mise en valeur des œuvres et à la qualité de l'information (panneaux explicatifs, dépliants, visites guidées, bibliothèques spécialisées, librairies, salles de projection et de conférences). Des services d'accueil et de restauration (cafés, self-services, restaurants), des animations diverses et de grandes expositions temporaires contribuent à ce renouveau.

▬▬ Les nouvelles réalisations

☐ Ce sont, d'une part, les restructurations, souvent associées à de possibles extensions. Exemples récents : le Louvre (p. 57), Beaubourg, la Galerie de l'Évolution au Museum national, les grandes restructurations des musées des Beaux-Arts de Lille, Lyon, Avignon, celle du musée Guimet (arts d'Asie).

☐ Ce sont, d'autre part, les créations de musées dans des bâtiments réhabilités, souvent classés monuments historiques. Exemples : musée d'Orsay occupant l'ancienne gare, musée Picasso dans l'hôtel Salé, CAPC de Bordeaux dans un superbe entrepôt du XIXᵉ siècle, espace d'art contemporain dans les anciens abattoirs de Toulouse, musée de la civilisation gallo-romaine de Lyon situé au cœur de la cité antique à Fourvière, musée de l'Air et de l'Espace dans les halls de l'ancienne aérogare du Bourget.

☐ Ce sont enfin les créations *ex nihilo*. Ces nouveaux musées qui, pour la plupart, se consacrent à l'art moderne, bénéficient des conceptions architecturales actuelles. Les matériaux de base sont le béton, la brique, parfois la pierre du pays, le verre des grandes façades transparentes (Le Havre, Beaubourg), la céramique et le grès émaillés des revêtements (musée d'Art moderne de Saint-Étienne). Un soin particulier est apporté aux liaisons extérieur/intérieur qui ouvrent le musée à la vie : baies et vitrages permettent de voir les gazons (Villeneuve-d'Ascq, musée d'Art moderne), les jardins de sculptures et les plans d'eau (Fondation Maeght, musée d'art contemporain de Dunkerque). À Boulogne-Billancourt, le Musée des années 30 s'intègre dans un complexe culturel. Il présente à la fois l'art de l'entre-deux-guerres, l'industrie automobile au temps des usines Renault, l'aviation et le cinéma (les célèbres studios).

▬▬ Les nouveaux musées du patrimoine culturel

☐ La trentaine d'écomusées qui, en des lieux différents, présentent un biotope (par exemple, un marais, un bois), une ancienne forge, un moulin, des ateliers artisanaux ou des habitations rurales appartiennent à la catégorie des nouveaux musées.

☐ Les nouveaux parcs préhistoriques intègrent un site (gisement de silex, grotte), un biotope, des reconstitutions (habitats, techniques) et aussi des salles d'expositions. Exemples : Samara, près d'Amiens, Vassieux, dans le Vercors.

ART, SCIENCE ET TECHNIQUES

■ La Villette

La Cité des sciences et de l'industrie offre des expositions permanentes sur l'univers, la matière, le travail, la communication. Elle organise aussi de grandes expositions temporaires (les Années plastique, le Temps, la Vigne et le Vin…), des conférences, et propose les services d'une médiathèque ultra-moderne (vidéo, logiciels, revues…). La Géode, sphère de 36 m de diamètre, couverte d'acier poli, possède un gigantesque écran hémisphérique (1 000 m²) en aluminium perforé pour la diffusion du son, sur lequel sont projetés des films scientifiques.

■ Pour l'art contemporain

Grâce à la décentralisation et à la création des FRAM (Fonds régionaux d'acquisition pour les musées), l'État et les régions ont pu conjuguer leurs efforts pour promouvoir l'art contemporain. Parmi les réalisations les mieux réussies, on peut citer le Centre d'arts plastiques contemporain de Bordeaux, le Musée d'art moderne de Saint-Étienne (l'un des meilleurs choix d'art contemporain), le Musée d'art contemporain de Nice, conçu comme une sorte de forteresse (4 polyèdres recouverts de marbre), le Musée d'art contemporain de Lyon, réalisé par Renzo Piano, l'un des architectes de Beaubourg, au cœur du complexe urbanistique de la Tête d'Or. À Nîmes, le Carré d'Art est un bâtiment de verre et d'acier signé Norman Foster. Face à la fameuse Maison Carrée, il réunit une bibliothèque et un espace pour l'art contemporain (expositions permanentes et temporaires). Ouvert en 2002, le Site de création contemporaine occupe désormais, à Paris, l'aile ouest du Palais de Tokyo :

8700 m² dont 3 500 pour les expositions. Aménagé par deux architectes minimalistes, ce Site a un sol de béton brut, des murs nus et un aspect voulu de « friche industrielle ». Il a pour vocation de devenir un laboratoire pour les « cultures émergentes » et plusieurs expositions y coexisteront.

■ High tech à Beaubourg

Ouvert en 1976, le centre Beaubourg illustre l'art triomphaliste, dit high tech, des années 60. Ses architectes, Renzo Piano et Richard Rogers, ont pratiqué le mimétisme industriel en empruntant nombre d'éléments à l'usine, à l'avion, au paquebot : structure métallique, façade transparente, escalators et boyaux de service extérieurs. Ce Centre regroupe une bibliothèque, un Centre de création industrielle, des salles de spectacle, des surfaces d'exposition et un prestigieux musée d'Art moderne, récemment restructuré.

ÉCONOMIE

INFRASTRUCTURES

TOURISME CULTUREL

TOURISME BLEU

TOURISME VERT

TOURISME MONTAGNARD

Les écomusées

Créés à partir de 1968 sous l'impulsion de Georges-Henri Rivière, les écomusées révèlent le patrimoine culturel d'une région *in situ*. Ils illustrent des conceptions muséographiques ouvertes à toutes les manifestations humaines, du métier à tisser à la locomotive, des outils agricoles les plus simples au marteau-pilon du Creusot.

▬▬▬ La notion d'écomusée

☐ Un écomusée est un organisme qui assume une triple fonction de recherche, de conservation et de valorisation d'éléments naturels et d'objets culturels typiques d'un milieu et d'une société.

☐ Un écomusée comporte presque toujours plusieurs « antennes » en des lieux divers, ce qui évite la monotonie d'un simple conservatoire d'objets et permet de montrer l'outillage et les activités agricoles, artisanales, industrielles dans leur milieu originel. Par exemple, l'écomusée de la Brenne, zone d'étangs, de prairies et de bois, a son siège dans le château Naillac (XII⁰-XVII⁰ siècle) au Blanc, où l'on peut voir une exposition ornithologique, mais possède aussi trois antennes en situation : une maison de la pisciculture, une maison de la machine agricole, une maison de la chaux (il y a en effet de nombreux fours à chaux dans cette région).

☐ Un écomusée repose sur une organisation tripartite : un comité scientifique interdisciplinaire, un comité d'usagers, un comité de gestion composé par les élus locaux et les commanditaires. La Direction des musées nationaux y assure sa tutelle.

▬▬▬ Les écomusées et les cultures régionales

☐ Au sens anthropologique, la culture englobe tout ce qui est produit, acquis, appris et transmis par les hommes, aussi bien une langue que des sabots, une faux, un jouet, une chanson, une maison.

☐ Les écomusées se sont donné pour tâche de refléter les cultures régionales dans le milieu où elles se sont développées. Par exemple, à Ruynes-en-Margeride, siège de l'écomusée de la Margeride, on marque les rapports entre le milieu géographique (pays de granit, climat rude de montagne, forêts, herbages), les activités traditionnelles (élevage, sylviculture, artisanat) et l'habitat à travers une exposition attrayante intitulée « Voyage en Margeride, une aventure de Pierre Plantade ».

☐ Le miroir culturel que présente un écomusée est utile à la population locale qui y retrouve son identité, aux enfants qui sont nombreux à fréquenter les lieux avec leurs enseignants, et aux adeptes d'un tourisme culturel.

▬▬▬ Les autres lieux du patrimoine

☐ À Paris, Georges-Henri Rivière, qui a donné aux écomusées leurs bases et leur charte, est le cofondateur du musée de l'Homme (1938) et le créateur du musée d'Arts et Traditions populaires. Le premier présente des collections remarquables d'anthropologie, de préhistoire et d'ethnographie ; le second, transféré dans le bois de Boulogne en 1969, offre une expression globale du domaine ethnographique en France et un centre de documentation et de recherche.

☐ De nombreux musées communaux ou départementaux accordent une large place aux arts et traditions populaires comme aux témoignages de la vie industrielle.

FAIRE REVIVRE LE MONDE D'ANTAN

■ L'écomusée de la région Fourmies-Trélon

Cet écomusée de l'Avesnois, dans le département du Nord, comprend le musée du Textile et de la Vie sociale à Fourmies, l'atelier-musée du Verre, à Trélon (exposition, fours, démonstrations), la maison du Bocage, à Sains-du-Nord (exposition sur l'élevage et les fromages), le Conservatoire du patrimoine religieux, à Liessies (églises, bâtiments monastiques, parc, expositions), la maison de la Fagne (fagne = marais), à Wallers-Trélon (expositions sur la taille de la pierre, l'architecture rurale, le biotope), les sentiers aménagés des monts de Baives.

Il voisine avec le musée des Bois-Jolis de Felleries (moules à beurre, toupies, etc.)

et le musée du Verre de Sars-Poteries (œuvres créées librement par les verriers, en dehors du travail imposé).

■ L'écomusée de la Grande Lande

Dans le cadre du parc naturel régional des Landes de Gascogne, cet écomusée évoque en trois lieux la culture landaise aux XVIIIe et XIXe siècles :

– À Marquèze, que l'on atteint par le train à vapeur des résiniers, l'airial (clairière agropastorale dans la forêt de pins) donne à voir des maisons de torchis, des bâtiments d'exploitation, une grange d'exposition, un verger.

– À Luxey, on visite un ancien atelier de produits résineux.

– À Moustey, une ancienne église abrite un musée des croyances populaires.

La Grande Lande

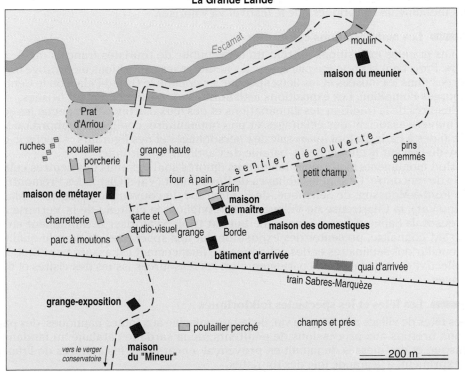

61

ÉCONOMIE
INFRASTRUCTURES
TOURISME CULTUREL
TOURISME BLEU
TOURISME VERT
TOURISME MONTAGNARD

Festivals et manifestations culturelles

Dans ses aspects les plus dynamiques ou les plus insolites, le tourisme culturel est celui des festivals, des manifestations artistiques et des expressions diverses des cultures régionales.

■■■■ Les festivals

☐ Un festival est un ensemble de manifestations artistiques, en général relatives à un thème ou à un art (le folklore international, la musique). Les festivals sont périodiques : tous les ans ou tous les deux ans.

☐ La naissance des festivals remonte à 1942. À cette date Jacques Copeau avait planté ses tréteaux dans la cour de l'Hôtel-Dieu de Beaune. En 1947, Jean Vilar utilisa le palais des Papes, à Avignon, pour son festival d'art dramatique. Dans les années 50, les festivals ont commencé à se multiplier, pour la musique, le jazz, la danse, le théâtre, le cinéma, le folklore.

☐ Le succès d'un festival dépend du prestige de l'affiche : grands acteurs, musiciens de choix, spectacles de haut niveau ou d'avant-garde. Il dépend aussi des lieux et de la saison, l'été de préférence. Les grandes villes et les grandes stations balnéaires sont bien placées pour les activités touristiques qu'elles offrent déjà et pour les monuments historiques que le festival va valoriser.

■■■■ Les manifestations culturelles

☐ Les grandes expositions attirent un large public de touristes français ou étrangers. Paris tient la première place avec les nombreuses expositions de prestige organisées dans les musées et les lieux spécifiques comme le Grand-Palais ou le Centre Georges-Pompidou. Les expositions artistiques sont particulièrement prisées.

☐ Inspirés de la tradition des illuminations et des feux d'artifice, les spectacles son et lumière associent des éclairages et un commentaire, comme Chambord ou les Invalides à Paris. Ils font intervenir des personnages et des figurants : spectacle du Puy-du-Fou sur la chouannerie, bataille de Castillon, en Gironde.

☐ Huit monuments historiques longtemps ignorés sont devenus des centres culturels de rencontre. Ce sont les abbayes de Royaumont (Val-d'Oise), des Prémontrés de Pont-à-Mousson, de Sénanque, de Fontevraud, le couvent royal de Saint-Maximin (Var), la Chartreuse de Villeneuve-lès-Avignon, le château de la Verrerie au Creusot, la Saline d'Arc-et-Senans. Le but est triple : valoriser le monument en le faisant connaître, présenter des expositions et des spectacles de grande qualité, accueillir des séminaires et des colloques. Le financement est assuré par l'État, les collectivités régionales et départementales, les ressources issues des visites et des stages.

■■■■ Les fêtes et les spectacles folkloriques

Des fêtes de village aux fêtes du vin, de la tauromachie aux joutes nautiques, des pardons bretons aux processions de pénitents, de la sardane catalane au fandango basque et des messes de minuit en provençal au carnaval, les cultures de France s'expriment, à la grande joie des touristes.

LA CULTURE VIVANTE

■ Le Festival d'Avignon

Né d'une rencontre entre le poète René Char et Jean Vilar en 1947, le Festival de théâtre d'Avignon fut une révolution culturelle : des œuvres dramatiques nouvelles y étaient jouées en plein air dans la Cour d'honneur du palais des Papes. « L'accord entre la pierre nue d'Avignon et Shakespeare, Corneille, Büchner et Kleist fut immédiat. » Cette opinion de Jean Vilar explique son style, fidèle aux poètes dramatiques et respectueux du public. Après son départ, en 1968, le Festival a continué et a essaimé, dans la rue ou dans de nouveaux lieux. Centre vivant de réflexions, d'échanges et de luttes idéologiques (depuis mai 68), le Festival d'Avignon attire toujours un énorme public français et étranger.

■ Les grands festivals

– *Théâtre* : Paris, Aigues-Mortes, Sarlat, Aurillac (théâtre de rue), Gavarnie (dans le cadre naturel du fameux cirque à 1 400 m d'altitude), semaine Sigma de Bordeaux, Vizille...
– *Musique* : Aix-en-Provence (créé en 1948), Orange (les Chorégies : opéras, concerts symphoniques), Bordeaux (Mai de Bordeaux), Abbaye de Sénanque, dans le Vaucluse (musique médiévale), Chartres, Strasbourg, Besançon, Évian...
– *Jazz* : Juan-les-Pins, Antibes, Vienne (Théâtre Antique), Andernos (bassin d'Arcachon), Nîmes, Coutances (Jazz sous les pommiers), Souillac, Nice...
– *Cinéma* : célébrissime Festival de Cannes, à caractère international (remise des prix), Annecy, Avoriaz (cinéma fantastique)...

■ Expressions des cultures

La richesse culturelle de l'Hexagone doit beaucoup à la diversité de ses ethnies et de leur expression culturelle. Hormis les innombrables kermesses, « vogues » et autres fêtes villageoises, on retiendra :
– *Fêtes et célébrations religieuses* : pardons de Bretagne (cérémonies et processions en costume local), Noëls provençaux (crèches monumentales, messes en provençal, théâtralisation), processions de pénitents (Saugues, Le Puy).
– *Carnavals* : Nice (le plus célèbre et le plus médiatisé), Limoux, carnavals des villes du Nord avec défilés de géants (Dunkerque, Bailleul, Douai).
– *Festivités liées aux travaux champêtres* : fêtes du houblon, de la bière, du vin, du cidre, de l'andouille (Aire-sur-la-Lys).
– *Jeux, danses et chants traditionnels* : nombreux groupes folkloriques, ensemble vocal Festivoce en Balagne (Corse), fest-noz bretons (la nuit), joutes nautiques (Sète, vallée du Rhône), tauromachie, etc.

Pardon à Sainte-Anne-la-Palud

ÉCONOMIE

INFRASTRUCTURES

TOURISME CULTUREL

TOURISME BLEU

TOURISME VERT

TOURISME MONTAGNARD

Les vallées culturelles

Une vallée est dite culturelle lorsque ses villes, ses villages, ses châteaux et ses sites naturels condensent la civilisation d'une ou de plusieurs provinces. Toute vallée n'est pas culturelle : la Loire montagnarde l'est moins que le Val de Loire, la Somme plus que le Rhône de Vienne à Montélimar.

▬▬▬ La Seine

☐ Sa vocation culturelle s'explique par la présence de Paris, par la facilité des communications de la Champagne à la mer, par la richesse agricole, industrielle et commerciale (foires médiévales de Champagne) des régions traversées.

☐ Ses attraits sont les villes d'art (Troyes, Paris, Rouen, Le Havre) et les nombreux villages du bord de l'eau, des abbayes en aval de Rouen, des maisons rurales, surtout en Normandie, un parc naturel régional, un tourisme viticole et une possible visite des grands ports.

☐ Les affluents culturels de la Seine sont l'Yonne (avec ses villes d'art, Auxerre et Sens ; et la proximité du vignoble bourguignon) et l'Oise (Compiègne et Chantilly).

▬▬▬ La Loire

☐ Sa vocation culturelle s'explique par la longueur exceptionnelle du fleuve, voie de pénétration du cœur du Massif central à l'Atlantique, par la richesse des terres traversées (vignobles et cultures), et enfin par la richesse de l'architecture.

☐ Ses attraits sont les villes d'art (Le Puy, Roanne, les villes du Val de Loire et Nantes), les arts roman et gothique, les célèbres châteaux de la Loire qui reçoivent deux millions de touristes par an, la diversité des maisons rurales, le tourisme viticole.

▬▬▬ La Garonne

☐ Sa vocation culturelle s'explique d'abord par sa situation géographique : la Garonne traverse l'isthme aquitain, ce qui facilite les échanges entre la Méditerranée et l'Atlantique et les civilisations d'oc et d'oil.

☐ Ses attraits sont Toulouse et Bordeaux, cités d'art, des centres artistiques comme Saint-Bertrand-de-Comminges et Moissac, les villes et les petits ports fortifiés du Bordelais, le tourisme viticole, l'estuaire (trafic maritime, sites). Les affluents de la rive droite ont un fort intérêt culturel. Ce sont la Dordogne et la Vézère, vallées berceaux de l'humanité, le Lot pittoresque et médiéval (Cahors), le Tarn et l'Aveyron avec leurs gorges et la richesse artistique des villes et villages riverains.

▬▬▬ Le Rhône et la Saône

☐ La vocation culturelle de ces deux vallées tient au fait que les échanges commerciaux et culturels ont toujours été considérables entre la Méditerranée et les pays du Rhin. De plus, Lyon est un carrefour européen ouvert vers la Suisse et l'Italie. L'économie et le commerce ont créé et colporté les cultures.

☐ Les attraits sont les villes d'art (Tournus, Mâcon, Lyon, Vienne, Orange, Avignon, Arles), les vestiges gallo-romains de Lyon à la Provence, l'art médiéval omniprésent, le tourisme viticole, les sites naturels multiples, le trafic sur les fleuves.

GÉOGRAPHIE DES VALLÉES CULTURELLES

Amiens
BROTONNE Rouen Compiègne
NORMANDIE Beauvais LORRAINE
MAINE Paris Strasbourg
Bagnoles Versailles Nancy
MONTAGNE DE REIMS
Fontainebleau FORÊT
D'ORIENT Colmar
BRIÈRE Orléans
Angers Tours Vézelay Dijon
Nantes Bourges MORVAN
Autun
MARAIS POITEVIN
Charente Limoges Vichy Lyon
Royan Angoulême Clermont-Ferrand
Isle Vézère Le Puy PILAT Grenoble
Lascaux Dordogne VERCORS QUEYRAS
Bordeaux PARC NATIONAL DES CÉVENNES PARC NATIONAL DES ÉCRINS
Cahors Lot Orange
Moissac Aveyron Avignon
Albi Tarm Nîmes LUBÉRON
Pau Toulouse CAMARGUE
HAUT LANGUEDOC
Loire Seine Yonne Allier Saône Rhône Adour Garonne Rhin

- ● principales villes d'art
- ◇ principales stations thermales
- ⬤ parc naturel régional
- 〜 vallée culturelle
- ◄ châteaux de la Loire

Les grands fleuves français

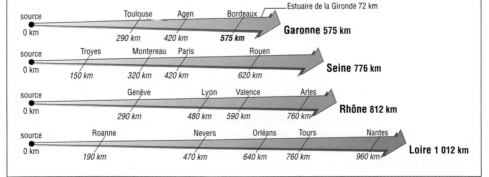

source
0 km
Toulouse Agen Bordeaux
Estuaire de la Gironde 72 km
290 km 420 km 575 km **Garonne 575 km**

source
0 km
Troyes Montereau Paris Rouen
150 km 320 km 420 km 620 km **Seine 776 km**

source
0 km
Genève Lyon Valence Arles
290 km 480 km 590 km 760 km **Rhône 812 km**

source
0 km
Roanne Nevers Orléans Tours Nantes
190 km 470 km 640 km 760 km 960 km **Loire 1 012 km**

ÉCONOMIE

INFRASTRUCTURES

TOURISME CULTUREL

TOURISME BLEU

TOURISME VERT

TOURISME MONTAGNARD

La France préhistorique

Patrie des études préhistoriques, la France est bien dotée en sites, en grottes et en musées. Une politique active de mise en valeur et de présentation des vestiges ou des œuvres d'art se prolonge dans la création de véritables parcs préhistoriques qui offrent au visiteur des parcours chronologiques attrayants et instructifs.

▬▬ Le tourisme préhistorique

☐ La visite des sites préhistoriques satisfait de profondes motivations comme le retour à la nature, la découverte d'un âge mythique, le jeu de l'exploration. Elle obéit aussi à une volonté de s'informer et de s'interroger sur les origines de l'homme.
☐ De l'accueil dans les lieux de visite à l'hôtellerie, ce tourisme bénéficie d'infrastructures soignées qu'expliquent aussi le voisinage balnéaire (Carnac, Filitosa), le tourisme vert alentour (Périgord, Quercy, Pyrénées) ou la situation urbaine de quelques grands musées.

▬▬ Lieux du tourisme préhistorique

☐ Une foule de petits musées présente des collections régionales. D'autres, plus importants, sont spécialisés : le musée Calvet, à Avignon, présente une collection de figures-menhirs. Quelques très grands musées couvrent à peu près toutes les périodes préhistoriques comme le musée de l'Homme, à Paris, le musée des Antiquités nationales de St-Germain-en-Laye, le musée national des Eyzies.
☐ Les sites se composent de grottes ou d'abris. Les observations des couches géologiques, des ossements et des objets provenant des fouilles montrent que les grottes de la Vézère, en Périgord, datent du paléolithique. Pour le néolithique, les zones de Carnac (Morbihan), de Filitosa (Corse) et de Cambous (un village néolithique en Languedoc) sont fondamentales. Les grottes de Foissac et leurs galeries conservent des indices de l'âge du cuivre, tandis que les 100 000 gravures de la Vallée des Merveilles, dans le Mercantour, illustrent les âges du bronze et du fer.
☐ Les grottes ornées témoignent de l'art paléolithique à travers des fresques aussi exceptionnelles que celles de Lascaux ou de Niaux. Comme le gaz carbonique dégagé par la multitude des visiteurs provoque la croissance des mousses et des algues et la formation de calcite, elles sont actuellement fermées.

▬▬ Les nouvelles réalisations

☐ Très pédagogiques, les nouveaux musées intègrent parfois un site, par exemple un atelier de taille de silex (Vassieux-en-Vercors), et présentent toujours des moulages, des reconstitutions. Ainsi, à Orgnac-l'Aven (Ardèche), des moulages (site acheuléen, habitat, silex et dépotoirs néolithiques), des fac-similés de gravures et de fresques, des statues-menhirs témoignent des différents âges de la préhistoire.
☐ Des parcs préhistoriques sont des zones vertes où sont reconstitués des sites et des habitations. Les principaux sont Samara, à côté d'Amiens, l'archéodrome de Beaune, le Thot, en Dordogne, qui réunit un musée, un montage audiovisuel, des reconstitutions de campements, des animaux vivants ou animés. Dans le parc de Tarascon-sur-Ariège sont aménagés des sentiers de découverte du milieu et des parcours sonores.

■ Chronologie préhistorique

Périodes	Datation
Âge des métaux (cuivre, bronze et fer)	– 2500
Néolithique (= pierre polie)	– 7500
Mésolithique (= transition)	– 10000
Paléolithique supérieur	– 35000
Paléolithique moyen	– 150000
Paléolithique inférieur	– 2000000

■ Circuit : des Eyzies à Lascaux

La grotte de Lascaux

1er jour : Les Eyzies – musée national de Préhistoire. *Abri Pataud* : animation-vidéo, visite de la cavité (90 x 15 m), coupes stratigraphiques, ossements, silex. *Laugerie Haute* : coupes stratigraphiques (évolution lente des techniques). *Grotte des Combarelles* : sur 250 m, frise gravée du magdalénien (– 15000). *Grotte de Font-de-Gaume* : peintures polychromes superbes (chevaux, bisons, mammouths, rennes) du solutréen (– 20000). Retour aux Eyzies.
2e jour : Les Eyzies – *préhistoparc* : sentier de découverte de scènes de la vie des hommes au paléolithique. *La Roque-Saint-Christophe* : la falaise est trouée de cavités sur cinq niveaux, habitées depuis le paléolithique supérieur. *Le Thot* : musée et parc préhistoriques. *Lascaux II* : fac-similés très fidèles de la salle des Taureaux.

- grotte préhistorique
- vers le Thot et Lascaux
- le Moustier
- la Roque-St-Christophe
- la Madeleine
- *Vézère*
- Préhistoparc
- Laugerie-Haute
- Abri du Cap Blanc
- *Beune*
- Abris Pataud et Vignaud
- Combarelles
- Font-de-Gaume
- **Les Eyzies :** Musée national de la préhistoire
- *Petite Beune*
- — 2 km —

■ Carnac, capitale du néolithique

À voir : le musée de Préhistoire, les alignements de menhirs, les tumulus.
À Locmariaquer : grand menhir brisé, Table des Marchands (dolmen et cairn).

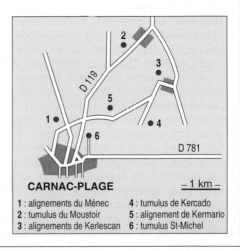

D 119
D 781
CARNAC-PLAGE   — 1 km —

1 : alignements du Ménec
2 : tumulus du Moustoir
3 : alignements de Kerlescan
4 : tumulus de Kercado
5 : alignement de Kermario
6 : tumulus St-Michel

ÉCONOMIE

INFRASTRUCTURES

TOURISME CULTUREL

TOURISME BLEU

TOURISME VERT

TOURISME MONTAGNARD

La France gallo-romaine

De Toulouse à l'Italie et de Marseille à Lyon, la Narbonnaise est le premier territoire conquis par les Romains. La civilisation qui s'est développée ici a livré les vestiges les plus importants de la Gaule gallo-romaine. Grâce à la conquête du reste de la Gaule, des routes et des villes furent partout construites.

■■■ L'architecture gallo-romaine

□ Les murs sont constitués de moellons liés au mortier de sable et de chaux. Les revêtements, d'abord en moellons bruts, sont constitués de matériaux en carrés ou en losanges (Ier, IIe s. ap. J.-C.), puis de briques alternant avec de petits blocs. Parfois, les parois étaient revêtues d'enduits avec des sculptures ou des fresques.

□ Les éléments de base sont les arcs et les voûtes en plein cintre, utilisés aussi bien dans les aqueducs que dans les amphithéâtres. On rencontre aussi les coupoles et les voûtes en cul-de-four (hémisphériques).

■■■ La civilisation urbaine

□ La ville est rationnellement établie selon un plan en damier. Elle est traversée par deux voies principales, le *cardo* (nord-sud) et le *decumanus* (est-ouest). À leur intersection s'établit le forum, place rectangulaire qui forme le cœur de la cité. Il est dominé par les temples et ceint de portiques bordés de boutiques.

□ Les maisons urbaines comprennent un vestibule et un couloir d'accès à l'atrium, grande salle dont le centre est à ciel ouvert et sur laquelle donnent le *tablinum* (bureau, archives familiales), l'oratoire familial, les pièces d'accueil. Un couloir relie l'atrium au péristyle, cour ceinte d'un portique, sur laquelle s'ouvrent chambres, salon (*oecus*), salle à manger. Les plus beaux exemples de maisons se trouvent à Vaison-la-Romaine, Glanum, St-Romain-en-Gal.

■■■ Les grands édifices

□ Les thermes publics sont composés d'un système d'hypocaustes, ou fourneaux souterrains, qui assurent le chauffage de l'eau et de certaines pièces. Le circuit du baigneur a pour étapes l'*apodyteria* (vestiaires), la palestre (gymnase : on s'y échauffe), le *tepidarium* (salle tiède pour la toilette), le *caldarium* (bain de vapeur), le bain chaud, le retour au *tepidarium*, le *frigidarium* (bain froid). Les thermes sont aussi des lieux conviviaux. Vestiges de thermes : Arles, Glanum, Vaison-la-Romaine, Sanxay, Cimiez (Nice).

□ Les théâtres sont en hémicycle. L'orchestre est réservé aux spectateurs de marque et la scène est devant un mur de fond décoré (colonnes, statues). Les plus célèbres sont ceux d'Orange, d'Arles, de Vaison-la-Romaine, de Lyon et d'Autun. Les amphithéâtres, réservés aux combats de bêtes et de gladiateurs, sont de forme elliptique. Les plus célèbres sont à Nîmes, Arles, Saintes, Fréjus.

□ Les monuments commémoratifs sont composés d'arcs de triomphe et d'arcs municipaux commémorant l'origine d'une cité ou une victoire. Ils comprennent des arcades à caissons sculptés, des statues, des bas-reliefs. Les plus beaux sont à Orange, aux Antiques, à Saintes. À la Turbie, le Trophée des Alpes porte sur son soubassement les noms des 44 peuples vaincus par Auguste.

DES VESTIGES VIVANTS

■ Carte de la Provence romaine

Rhône

Vaison
-la-Romaine
● ⓜ ◇ ⌒ ⊝

Orange
ⓜ ⊓ ⌒ ●
Pont du Gard

● Carpentras ⊓

Durance

Trophée
des Alpes
⊓

Avignon ● ⓜ

Nîmes ●
ⓜ ⊓ ■ ⛫ ⌒   St-Rémy ◇ ⊓ ▭

● Cavaillon ⓜ ⊓

ⓜ
La Turbie

Nice ●
ⓜ ◇ ⌒ ⊝

Montpellier ●
Lattes ●
ⓜ ◇

Arles ●
ⓜ ⌒ ⊝
⊞ ▭

Aix ⛫ ⊝
St-Chamas

Béziers ●

Fréjus ●
ⓜ ⌒ ⌢

Oppidum d'Ensérume
(Ibéro-grec,
Narbonne ●   puis gallo-romain)
ⓜ ▭

● Marseille

Entrepôt

MER MÉDITÉRRANÉE

━ 50 km ━

ⓜ musée	⊓ porte, arc de triomphe	⛫ temple
⌒ aqueduc, pont	⊝ thermes	
◇ rues, maisons	■ tour, fortification	⌒ théâtre, amphithéâtre
⊞ nécropole	▭ mausolée	

■ Le Pont du Gard

Le Pont du Gard, qui enjambe le Gardon, fait partie de l'aqueduc qui alimentait Nîmes. Il mesure 275 m de long et 49 m de haut et se compose de 3 rangs d'arcades. Les trois étages d'arcades sont bâtis en retrait de l'un à l'autre. Au troisième étage, le canal d'adduction d'eau est maçonné et couvert de dalles.

■ Les arènes de Nîmes

Cet amphithéâtre (Ier-IIe s.) est le mieux conservé du monde romain.
Caractéristiques : 133 m x 101 (24 000 spectateurs), deux étages de 60 arcades surmontés d'un attique, galeries voûtées en berceau.

ÉCONOMIE

INFRASTRUCTURES

TOURISME CULTUREL

TOURISME BLEU

TOURISME VERT

TOURISME MONTAGNARD

La France romane (1)

De la fin du Xᵉ siècle au milieu du XIIᵉ s'est développé un art qualifié de roman, tellement déterminant par ses trouvailles techniques, ses réussites plastiques et son importance culturelle qu'il symbolise toute cette époque. Il est très lié aux grands centres monastiques et aux grands pèlerinages.

Les caractéristiques de l'art roman

☐ L'art roman est fonctionnel. En ce temps de pèlerinages en France ou vers Saint-Jacques-de-Compostelle, l'église doit pouvoir accueillir de nombreux fidèles. Elle se dotera de bas-côtés (ou collatéraux) et, autour du chœur, d'un déambulatoire qui faciliteront les processions autour des reliques. De même, l'abbaye reflète une organisation économique et un mode de vie particuliers au Moyen Âge.

☐ À la foi profonde qui unit les différentes classes sociales correspond le symbolisme roman. Chaque élément a au moins deux significations. Ainsi le plan de l'église évoque la croix, les divisions tripartites de la façade (3 étages, 3 portails), la sainte Trinité, le chevet symbolise l'élévation spirituelle par l'étagement prodigieux des toits des absidioles, de l'abside, du déambulatoire et la montée du clocher au-dessus de la croisée du transept.

☐ L'art roman est synthétique puisqu'il emprunte des éléments architecturaux, sculpturaux ou décoratifs aux arts romain, byzantin, carolingien, musulman, « barbares ».

Les voûtes et les coupoles

☐ La voûte en berceau, c'est-à-dire en demi-cylindre, est la première employée. Comme elle exerce une forte poussée sur les murs, on la renforce par des arcs doubleaux. La voûte en berceau brisé exerce des pressions moindres.

☐ La voûte d'arêtes, connue des Romains et des Arabes, est formée de l'intersection de deux voûtes en berceau. La poussée s'exerce sur les quatre points d'appui des arêtes : le mur devient inutile.

☐ La coupole est une voûte hémisphérique ou d'une forme proche, connue des Romains et des architectes préromans. Dans la coupole sur pendentifs, on passe du plan circulaire de la coupole au plan carré par l'intermédiaire de quatre triangles concaves, les pendentifs. La coupole sur trompes repose sur quatre petites voûtes en demi-entonnoir construites dans chaque angle du carré à couvrir : on passe du plan circulaire à un plan octogonal. La voûte en cul-de-four est une demi-coupole.

Les équilibrages et la lumière

☐ Pour supporter les voûtes et les arcs, on utilise des murs épais, des colonnes, puis des piliers dotés de colonnes engagées. Pour contrebuter les poussées des voûtes en leur opposant des contre-poussées, plusieurs techniques sont possibles : construction de bas-côtés voûtés d'arêtes ou en demi-berceau ; construction de tribunes, ou galeries à claire-voie, voûtées en demi-berceau, au-dessus des bas-côtés ; contreforts extérieurs en saillie sur les murs.

☐ Ces équilibrages de volumes permettent de percer des fenêtres dans les murs des bas-côtés, de l'abside, des absidioles mais aussi dans ceux de la nef au-dessus de la tribune, elle-même ouverte à la fois sur la nef et à l'extérieur.

LES ÉGLISES ET LES ABBAYES

■ Les types de voûtes

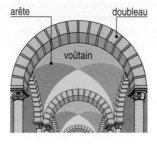

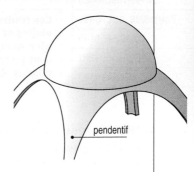

| Voûte en berceau | Voûte d'arêtes | Coupole sur pendentifs |

■ L'église

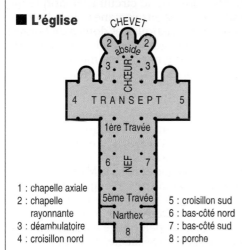

1 : chapelle axiale
2 : chapelle rayonnante
3 : déambulatoire
4 : croisillon nord
5 : croisillon sud
6 : bas-côté nord
7 : bas-côté sud
8 : porche

■ L'abbaye

L'abbaye joue un triple rôle : spirituel, culturel et économique. Les défriche-ments, les activités agricoles et artisa-nales contribuent au développement de la région.

La structure de l'abbaye de Sénanque reflète ces fonctions. Le cloître, entouré de galeries aux chapiteaux sculptés, est propice à la méditation. Dans la salle capitulaire, l'abbé informe la commu-nauté et répartit les travaux, les moines se confessent. Le chauffoir, salle chauf-fée, se confond parfois avec le *scripto-rium,* ou atelier des copistes et des enlu-mineurs.

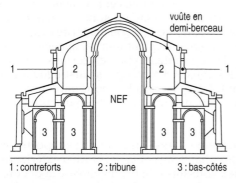

1 : contreforts   2 : tribune   3 : bas-côtés

Cette coupe de St-Sernin-de-Toulouse permet de comprendre les techniques d'équilibrage et d'éclairement.

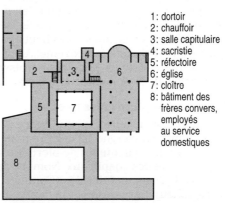

1 : dortoir
2 : chauffoir
3 : salle capitulaire
4 : sacristie
5 : réfectoire
6 : église
7 : cloître
8 : bâtiment des frères convers, employés au service domestique

ÉCONOMIE

INFRASTRUCTURES

TOURISME CULTUREL

TOURISME BLEU

TOURISME VERT

TOURISME MONTAGNARD

La France romane (2)

Les routes de l'art roman, nombreuses en France, permettent des visites et des circuits culturels qu'il est toujours possible de coupler avec le tourisme vert. En effet, les chefs-d'œuvre romans sont pour la plupart situés dans des régions très vallonnées (Bourgogne) ou montagneuses (Auvergne, Pyrénées).

▬▬ Un tourisme de l'art roman

L'art roman se manifeste dans d'innombrables églises, de grandes abbayes et quelques monuments civils, mais aussi dans la sculpture, la fresque et la tapisserie. Deux types d'approche sont possibles : une journée consacrée à la visite d'un haut lieu comme Bayeux (tapisserie de la Reine Mathilde) ou le circuit thématique qui regroupe un haut lieu et des églises de villages. Les régions romanes, de la Loire et de la Bourgogne au Midi méditerranéen, sont très touristiques et dotées de bonnes infrastructures d'accueil. Souvent, les visites sont guidées et les monuments accueillent des expositions ou des concerts. Enfin, de nombreux musées présentent des chapiteaux, des sculptures, des pièces d'orfèvrerie ou des tapisseries.

▬▬ La diversité architecturale

☐ Elle s'explique d'abord par l'évolution technique. Un premier art roman, développé vers l'an mille, caractérise des églises massives, souvent à nef unique charpentée, mais à chœur et absides voûtés, et des cryptes voûtées d'arêtes. Par exemple : la Trinité, à Caen, la rotonde de Sainte-Bénigne, à Dijon. Parallèlement, un premier art roman venu d'Italie se transmet en Bourgogne, en Catalogne et dans le Midi, caractérisé à l'extérieur par des bandes lombardes, système d'arcatures aveugles, et, à l'intérieur, par des solutions architecturales novatrices : nefs parallèles en berceau de St Martin-du-Canigou, berceaux des bas-côtés perpendiculaires à la nef, à Tournus.

☐ De grands modèles s'imposent ensuite, de l'église de pèlerinage à déambulatoire (Conques, Toulouse) aux abbatiales de Cluny, à la fin du XIe siècle, et de Citeaux, au XIIe siècle. L'art clunisien attire par ses réussites architecturales et la magnificence de sa décoration. Paray-le-Monial, Charlieu, Autun, Moissac en sont des exemples typiques. À l'opposé, le style cistercien doit à saint Bernard son austérité ornementale. Sur le modèle de Fontenay, les églises cisterciennes ont une nef aveugle à berceau brisé et des bas-côtés aussi hauts que la nef, voûtés en berceaux transversaux.

☐ La variété régionale est extrême. Ainsi, les églises d'Auvergne se distinguent par les superbes chevets à étagement croissant, les églises du Périgord par leurs coupoles, celles de Normandie par les grandes dimensions et les nefs charpentées.

▬▬ La sculpture et les fresques

☐ D'une région à l'autre, la sculpture et l'ornementation utilisent des supports différents. Ainsi, l'Auvergne est célèbre pour les chapiteaux et la décoration extérieure, le Poitou pour les dentelles de pierre de ses voussures, la prodigalité de la décoration, la beauté des chapiteaux. Nombre de façades offrent de célèbres tympans inspirés par le Jugement dernier (Conques, Autun), la vision de l'Apocalypse (Moissac, Beaulieu), l'Ascension et la Pentecôte.

☐ Les fresques les plus connues sont celles de Saint-Savin-sur-Gartempe.

LES HAUTS LIEUX DE L'ART ROMAN

■ La cathédrale Notre-Dame du Puy-en-Velay

Grand centre religieux de l'époque romane et point de départ des pèlerins de Saint-Jacques, le Puy occupe un site extraordinaire : la chapelle romane de Saint-Michel-d'Aiguilhe est juchée sur un piton volcanique et la ville, autour de la cathédrale, escalade un autre piton. La nef de la cathédrale Notre-Dame offre une série de coupoles dont les trompes évoquent la mosquée de Kairouan. Sa façade polychrome aux arcs polylobés évoque l'art musulman d'Espagne.

■ Le tympan d'Autun

L'école bourguignonne a donné à la sculpture une place de choix : tympans d'Autun, Avallon, Vézelay et des églises du Brionnais, chapiteaux d'Autun, de Saulieu, de Vézelay.
Le tympan d'Autun représente le jugement dernier. Au centre, dans la mandorle, le Christ. Autour du Christ et plus bas : résurrection des morts, pesée des âmes, damnés et élus, enfer et paradis.

ÉCONOMIE

INFRASTRUCTURES

TOURISME CULTUREL

TOURISME BLEU

TOURISME VERT

TOURISME MONTAGNARD

Les cathédrales gothiques

Apparu en Île-de-France, l'art gothique s'est développé du XIIᵉ au début du XVIᵉ siècle. Il a donné naissance à 77 cathédrales, hauts lieux du tourisme culturel. Les progrès économiques, l'émancipation urbaine, la profonde religiosité expliquent leur construction.

■■■■■ Les caractéristiques de l'art gothique

☐ Lorsqu'une voûte d'arêtes est renforcée par deux ogives, c'est-à-dire deux arcs diagonaux brisés, la poussée de la voûte s'exerce essentiellement sur les points de retombée des ogives. Telle est la technique qui permet la transition du roman au gothique. Désormais, la localisation des butées libérera les murs qu'on pourra facilement percer de larges fenêtres.

☐ Avec l'arc-boutant est mis au point un élément de contrebutement extérieur de la voûte. En appui mural, vers un point de retombée des ogives, il neutralise par sa propre poussée une partie des poussées de la voûte et transmet les autres à une culée, massif de maçonnerie capable de les équilibrer.

☐ Ces deux techniques fondamentales ont permis de supprimer les tribunes, d'élever les voûtes à des hauteurs surprenantes (jusqu'à 42,50 m à Amiens), d'agrandir les fenêtres, de réduire les supports des voûtes à de fines colonnes et à des chapiteaux légers. Bref, alors que, dans l'art roman, les équilibrages sont internes, ils deviennent externes dans l'art gothique grâce à une forêt d'arcs-boutants.

■■■■■ Les grandes cathédrales

On distingue généralement quatre grandes époques :

☐ **Premier gothique (1150-1230)** : cathédrales à 4 étages et à voûtes sexpartites (plan carré divisé en 6 parties grâce à l'adjonction d'un arc doubleau secondaire). Grandes réalisations : Sens, Laon, Noyon, Paris.

☐ **Gothique classique (1230-1300)** : cathédrales à 3 étages par suppression de la tribune, à voûtes sur plan barlong (c'est un rectangle), à fenêtres larges et hautes. C'est l'âge d'or, avec Chartres, modèle largement imité, Amiens, Reims, Soissons, Beauvais, la Sainte-Chapelle, Le Mans, Bourges (qui conserve la voûte sexpartite).

☐ **Gothique rayonnant (1270-1370)** : ce style est caractérisé par le développement des fenêtres larges à remplages et la primauté donnée au décor et aux chapelles latérales. Il se développe beaucoup dans le sud de la France. Exemples : Clermont-Ferrand, Limoges, Bordeaux, Bayonne, Carcassonne, Narbonne.

☐ **Gothique flamboyant (de 1370 au XVIᵉ s.)** : grande variété décorative, remplages imitant des flammes, d'où le terme « flamboyant », arcs en accolade, disparition des chapiteaux. Exemples : chœur d'Albi, façade de Senlis.

■■■■■ Les sculptures et les vitraux

Les sculptures occupent les portails et les porches. Deux thèmes iconographiques dominent : le Jugement dernier et la vie de la Vierge. Apparaissent aussi les statues colonnes des Rois, des saints ou les signes du zodiaque. L'art du vitrail, lié au grand développement des fenêtres, a produit des chefs-d'œuvre incomparables, comme les vitraux de Chartres ou de la Sainte-Chapelle.

ART ET TECHNIQUE

■ Les croisées d'ogives

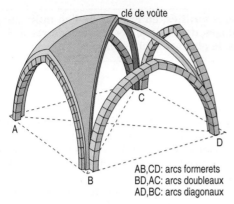

clé de voûte

C

A

D

B

AB,CD: arcs formerets
BD,AC: arcs doubleaux
AD,BC: arcs diagonaux

La voûte quadripartite

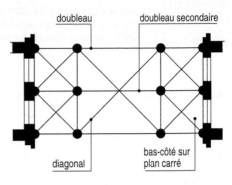

doubleau   doubleau secondaire

diagonal   bas-côté sur plan carré

La voûte sexpartite

■ Les arcs-boutants

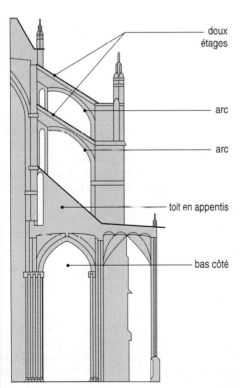

deux étages

arc

arc

toit en appentis

bas côté

■ L'élévation de la nef

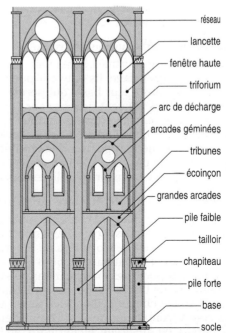

réseau

lancette

fenêtre haute

triforium

arc de décharge

arcades géminées

tribunes

écoinçon

grandes arcades

pile faible

tailloir

chapiteau

pile forte

base

socle

ÉCONOMIE
INFRASTRUCTURES
TOURISME CULTUREL
TOURISME BLEU
TOURISME VERT
TOURISME MONTAGNARD

La France des châteaux forts

On a décompté 24 000 sites fortifiés, en France, de l'an mille au XVe siècle : ce sont des villages, des églises, des châteaux forts, des villes et des places fortes, le plus souvent gothiques.

Le tourisme des châteaux forts

☐ La visite d'un château fort ou d'une vieille cité fortifiée participe de l'imaginaire qui fait voisiner la légende et le chant du troubadour et de l'esthétisme qui rend sensible aux sites perchés et sauvages. Ces raisons expliquent le succès des châteaux forts : le Haut-Kœnigsbourg est au 4e rang des monuments historiques visités, suivi par la cité de Carcassonne et Aigues-Mortes.

☐ Différentes formules permettent d'apprécier un château : la visite guidée, le spectacle son et lumière, les animations diverses, etc. Parfois, le château est meublé et contient un petit musée. Certains ensembles, comme Carcassonne ou le palais des Papes d'Avignon, exigent une journée, mais beaucoup de châteaux, d'églises ou de villages fortifiés peuvent s'insérer dans un circuit.

La structure du château fort

Le donjon, tour rectangulaire ou, plus tard, cylindrique, est crénelé et percé d'archères. Cet ultime lieu de défense est aussi l'habitation du seigneur. Il est parfois entouré d'une muraille, la chemise. Entre la chemise et une deuxième enceinte s'établissent les logis de la garnison, les écuries, la chapelle et les bâtiments utilitaires.

L'architecture militaire médiévale

☐ Les murs, ou courtines, sont épais, hauts, pourvus d'un chemin de ronde et défendus par un crénelage. Ils peuvent porter des hourds de bois ou des mâchicoulis percés de trous à leur base, qui permettent l'envoi vertical de projectiles. Mieux, ces projectiles peuvent ricocher sur l'ennemi si le mur est en saillie à sa base. Les meurtrières, fentes verticales du mur apparues au XIIe siècle, évoluent avec l'utilisation de l'arc et de l'arbalète : elles deviennent des archères qui, grâce à des ébrasements, permettent de tirer dans toutes les directions.

☐ Un système de tours, d'échauguettes et de bretèches couvre l'essentiel en favorisant notamment les tirs parallèles aux murs (tours, tourelles).

Lieux de l'architecture militaire

☐ Beaucoup de villes ont conservé tout ou partie de leur système défensif médiéval : Carcassonne, Aigues-Mortes, Avignon, St-Malo, Guérande, Provins, les bastides du Sud-Ouest, les églises fortifiées de Thiérache et du Périgord.

☐ Les premiers châteaux de pierre apparaissent vers l'an mille. Comme chaque époque a apporté des modifications au système défensif, les souvenirs romans sont rares, hormis Langeais, Loches et Beaugency. Les châteaux gothiques sont très nombreux et chaque région a les siens. Mais leur densité est plus importante dans les zones frontalières de l'Est (Haut-Kœnigsbourg) et de Midi-Pyrénées (châteaux cathares), en Auvergne, en Périgord, en Normandie.

LA CITÉ FORTIFIÉE

■ Le château fort

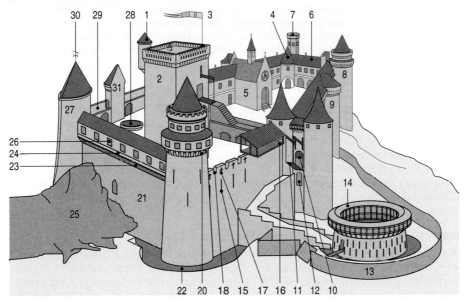

1. Échauguette : tourelle d'angle
2. Donjon
3. Bannière
4. Tourelle
5. Chapelle
6. Logis
7. Tour de guet
8. Tour d'angle : surveillance complète, tirs sur 180°
9. Tour flanquante : facilite les tirs parallèles aux murs
10. Herse : grille coulissante
11. Pont-levis
12. Poterne : petite porte cachée
13. Lice : palissade extérieure
14. Barbacane : bastion avancé
15. Meurtrières : fentes verticales pour les tirs
16. Hourds de bois au plancher percé : projectiles à la verticale
17. Merlon : partie pleine du crénelage
18. Créneau : partie vide du crénelage
19. Rampe crénelée
20. Mâchicoulis : hourds de pierre
21. Courtine : mur
22. Fossé
23. Corbeaux : pierres en saillie pour soutenir le passage protégé
24. Parapet : mur de protection contre les assaillants
25. Glacis : terrain en pente
26. Archères : meurtrières pour le tir à l'arc ou à l'arbalète
27. Tour à bec : en saillie à la base
28. Citerne : réserve d'eau (sièges)
29. Chemin de ronde
30. Girouette : indique la direction du vent
31. Tour flanquante

■ Les bastides

Ces petites villes fortifiées ont été créées pendant la guerre de Cent Ans par les rois de France et d'Angleterre : deux lignes de bastides se faisaient face dans les zones frontières du Sud-Ouest. La bastide avait un plan en damier autour d'une place entourée de cornières, ou galeries couvertes, et une ceinture de remparts. Dans le Bordelais, le Périgord et la Gascogne, les bastides peuvent susciter des circuits thématiques.

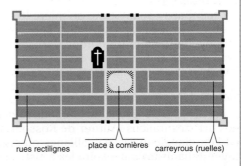

rues rectilignes   place à cornières   carreyrous (ruelles)

ÉCONOMIE

INFRASTRUCTURES

TOURISME CULTUREL

TOURISME BLEU

TOURISME VERT

TOURISME MONTAGNARD

La première Renaissance

De la fin du XVe au milieu du XVIe siècle, la France de la première Renaissance est celle de la coexistence de l'art gothique flamboyant et de nouvelles réalisations architecturales où fusionnent de façon originale l'esprit gothique et le nouveau « style à l'antique » révélé aux Français pendant les guerres d'Italie.

■■■■ 1495-1515 : un art de transition sous Louis XII

Enthousiasmés par la Renaissance italienne, découverte lors de leurs campagnes militaires, Charles VIII et Louis XII firent venir à Amboise et à Blois des architectes et des artistes italiens. De leur collaboration avec des maîtres d'œuvre français est né un style, parfois appelé « Louis XII », caractérisé par la rencontre des traditions gothiques et de l'ornementation italienne. Les témoins majeurs sont la façade du château d'Amboise, l'aile Louis XII du château de Blois, le château de Gaillon au sud-est de Rouen, l'Hôtel d'Alluye à Blois.

■■■■ 1515-1550 : l'époque des châteaux de la Loire

□ Passionné lui aussi par la Renaissance italienne, François Ier, qui a continué les guerres d'Italie, est un roi bâtisseur : il fait transformer Blois, agrandir Fontainebleau, bâtir Chambord. Jusqu'en 1550 à peu près, d'autres châteaux sont créés ou agrandis par des nobles et des bourgeois, dans les sites superbes des bords de Loire et de ses affluents : Azay-le-Rideau, Chenonceaux, Ussé, Valençay, le Lude.

□ Les châteaux de la Loire incarnent l'originalité de cette acculturation réussie que constitue la première Renaissance française, pendant laquelle coopèrent artistes français et italiens. L'artillerie et le développement de la puissance royale ont rendu les châteaux forts inutiles, mais les nouveaux châteaux, architecturalement, continuent le style français : plans rectangulaires, tours d'angles, toits pointus et hautes lucarnes, créneaux et mâchicoulis réduits à un rôle décoratif. L'apport italien se manifeste dans les façades à trois niveaux percées de larges fenêtres entre des piliers engagés décorés, ou pilastres, les loggias (Blois, Chambord), les lucarnes à frontons triangulaires, les voûtes à caissons et à clefs pendantes, les chapiteaux de type antique, les arcs en anse de panier. Sur les plans sculptural et ornemental, l'italianisme développe une extraordinaire profusion de rinceaux (tiges et rameaux) et d'arabesques.

□ Chambord résume cette première Renaissance : grosses tours et hautes toitures d'allure médiévale, plan rectangulaire moderne à 4 grosses tours d'angle qui semble un développement du donjon carré à 4 tours, plan intérieur du donjon en croix grecque, escalier central à double révolution dont la lanterne émerge de la forêt de lucarnes et de cheminées de la terrasse.

■■■■ L'école de Fontainebleau

À partir de 1526, François Ier confia la décoration du château de Fontainebleau à des artistes italiens. Autour de Rosso, du Primatice, de Benvenuto Cellini, l'école de Fontainebleau réalisa l'alliance du stuc et de la peinture et constitua un grand foyer italianisant qui inspira les artistes durant tout le siècle.

LES CHÂTEAUX DE LA LOIRE

■ Le château d'Azay-le-Rideau

Construit sur les bords de l'Indre selon un plan en L, Azay-le-Rideau symbolise la première Renaissance : toitures hautes et lucarnes d'esprit gothique, échauguettes devenues tourelles et mâchicoulis strictement décoratifs, mais façades aux larges fenêtres d'un lieu d'habitation et non de défense.

■ Le donjon de Chambord

Le donjon est un cube impressionnant dont une face appartient à l'enceinte et les trois autres font saillie sur la cour d'honneur. Depuis la terrasse hérissée de pavillons, de cheminées, de pinacles et de lucarnes, on pouvait assister au spectacle de la chasse, dans le parc de 5 500 ha ceint de 32 km de murs.

■ Une tour de Chambord

Cette tour du donjon de Chambord n'a plus de fonction défensive. Fenêtres et pilastres en soulignent la verticalité, tandis que la lucarne, les cheminées et la lanterne semblent monter vers les nues en se détachant du cône des toits.

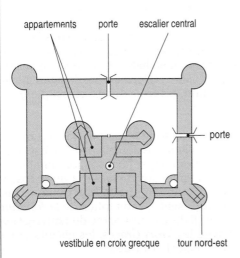

appartements   porte   escalier central

porte

vestibule en croix grecque   tour nord-est

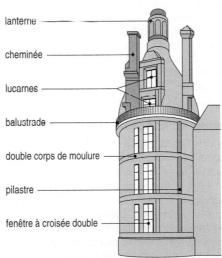

lanterne

cheminée

lucarnes

balustrade

double corps de moulure

pilastre

fenêtre à croisée double

ÉCONOMIE

INFRASTRUCTURES

TOURISME CULTUREL

TOURISME BLEU

TOURISME VERT

TOURISME MONTAGNARD

La Renaissance classique

La Renaissance classique correspond en France à la seconde moitié du XVIᵉ siècle. Les changements esthétiques sont fondés sur l'étude des traités d'architecture antiques et italiens. Des édifices civils, des églises, des sculptures sont réalisés partout mais, après 1560, les guerres de religion freinent beaucoup ce mouvement.

▬▬▬ Les conceptions architecturales

L'architecture de la Renaissance classique est caractérisée par une recherche d'ordre, de symétrie et d'harmonie des volumes et des proportions. Souvent, les édifices ont trois degrés dont chacun correspond à un ordre antique. Ainsi, le fameux hôtel d'Assézat, à Toulouse, construit au milieu du siècle, superpose l'ordre dorique du rez-de-chaussée, l'ordre ionique du premier étage, l'ordre corinthien du second. Les architectes jouent des significations conférées à ces ordres : sévérité dorique, grâce ionique et majesté corinthienne. Ils recherchent aussi le contraste entre les corps du bâtiment, plutôt allongés, et les pavillons qui s'en détachent. Les hautes toitures subsistent. Ils utilisent pilastres, colonnes et frontons triangulaires. L'ornementation est en général plus sobre que pendant la première Renaissance : ainsi les lucarnes perdent leurs pinacles et leurs niches et les pilastres sont seulement cannelés.

▬▬▬ Les grandes réalisations

☐ L'architecture civile. L'Alsace, la Bourgogne, l'Auvergne et le Périgord sont riches en hôtels de ville, hôtels particuliers et maisons. De grands architectes créent ou complètent des châteaux : Serlio bâtit Ancy-le-Franc (4 ailes, 4 pavillons, pilastres doriques), Philibert Delorme crée Anet et St-Germain-en-Laye, les Tuileries, la salle de bal de Fontainebleau, Jean Bulland construit le portique à colonnes d'Écouen. Au Louvre, Pierre Lescot réalise une aile de la Cour Carrée.

☐ L'architecture religieuse. Le XVIᵉ siècle reste longtemps fidèle aux chapelles et aux églises gothiques mais, peu à peu, le décor italianisant voisine avec les motifs gothiques, les baies en plein cintre et en anse de panier apparaissent, la flèche des clochers est remplacée par une coupole couverte d'un lanternon. Enfin, sous Henri II, les ordres antiques s'imposent sur les façades et les chevets. Les réalisations importantes sont : Saint-Eustache (Paris), le jubé de St-Étienne-du-Mont, le chevet de Saint-Pierre de Caen, les voûtes plates du chœur de Tillières (Normandie), la chapelle du château d'Ussé, St-Michel de Dijon (superposition des trois ordres classiques).

▬▬▬ La sculpture

La deuxième partie du siècle voit s'affirmer quatre grands sculpteurs. Le Lorrain Ligier Richier allie le naturalisme tragique et l'italianisme dans la prodigieuse *Mise au tombeau de Saint-Mihiel* (1554-1564). Pierre Bontemps, formé à Fontainebleau, est connu pour les statues et les bas-reliefs des tombeaux du cœur et du corps de François Iᵉʳ (hauts faits royaux, guerres d'Italie). Sculpteur du roi, Jean Goujon s'inspire de l'art grec. Élégance, idéalisation caractérisent les nymphes de la *fontaine des Innocents* et les allégories de la façade Henri II de la cour Carrée du Louvre. Germain Pilon, c'est la puissance du réalisme avec les *Trois Grâces*, les gisants et les priants du tombeau de Henri II et de celui du chancelier Birague.

LIEUX ET IMAGES DE LA RENAISSANCE

■ Le Louvre : l'aile de Pierre Lescot

On doit à la collaboration de Pierre Lescot et de Jean Goujon, de 1546 à 1559, cette façade à gauche du pavillon de l'Horloge : 3 niveaux de moins en moins hauts, trois avant-corps en légère saillie, soulignés par des frontons, des niches et des colonnes, atténuation des horizontales par les ruptures des entablements. La cour Carrée du XVIIe siècle englobe l'aile Lescot.

■ La Renaissance en France

● centre humaniste
★ première imprimerie
𝑢 université
■ architecture Renaissance

■ La naissance de l'imprimerie

Grâce à l'invention de l'imprimerie (presse et caractères mobiles) on passe de la copie manuelle à l'impression en série. On voit, pour la première fois, se constituer des bibliothèques privées. On publie désormais plus de livres laïcs que religieux. Après 1550, les publications en français dépassent celles en latin. C'est à cette époque que sept poètes, Baïf, Belleau, Du Bellay, Jodelle, Peletier, Ronsard et Tyard, se regroupent sous le nom de Pléiade. Leur but commun : valoriser la langue française et la poésie, enrichir la langue courante par des emprunts aux langues anciennes et par des mots inventés.

ÉCONOMIE

INFRASTRUCTURES

TOURISME CULTUREL

TOURISME BLEU

TOURISME VERT

TOURISME MONTAGNARD

Le XVIIᵉ siècle

La France du XVIIᵉ s. continue la Renaissance : il s'agit davantage d'évolution que de révolutions. Toutefois, la volonté royale, de la réalisation de la place des Vosges au château de Versailles, insuffle à l'architecture un sens de la grandeur et de la géométrie qui se reconnaît aussi dans les jardins de Le Nôtre.

■ Siècle classique ou baroque ?

Deux tendances, qui appartiennent davantage à des dispositions d'esprit qu'à l'évolution historique, s'opposent ou s'allient dans l'architecture du grand siècle. Le classicisme recherche l'ordre, la symétrie et privilégie la géométrie pure et les droites alors que le baroque, sensuel et fantasmatique, donne libre cours aux courbes, aux ruptures (frontons brisés), à la recherche du mouvement, à la décoration.

■ Les époques Henri IV et Louis XIII

□ Les alternances briques/pierres avec leurs contrastes de couleurs, les chaînes harpées où les pierres alternativement longues et courtes bordent verticalement les baies, des soupiraux aux lucarnes, les bossages rustiques (pierres qui font des bosses régulières) caractérisent l'art français sous Henri IV (1589-1610) et Louis XIII (1610-1643). Le contraste corps de logis/pavillons, les hautes toitures, subsistent.
□ Les grandes réalisations ne manquent pas : nombreux édifices dans toutes les régions, châteaux normands de Miromesnil et Balleroy, château de Brissac en Anjou, pavillon de l'Horloge au Louvre, palais du Luxembourg. La célèbre place des Vosges, à Paris, synthétise l'esthétique de la période et l'urbanisme monarchique voulu par Henri IV : les maisons uniformes à trois degrés et à chaînes harpées sont dominées par les pavillons royaux, l'alternance briques/pierres et les toits à lucarne sont présents.

■ L'époque Louis XIV

□ Des conceptions franchement classiques s'affirment, fondées sur l'utilisation des trois ordres antiques superposés (dorique, ionique, corinthien) ou de l'ordre colossal (pilastres ou colonnes sur deux étages), la réduction progressive de la hauteur des toitures, l'apparition des combles brisés à la Mansart.
□ Trois chefs-d'œuvre marquent le style classique : le château de Maisons-Lafitte (François Mansart, 1642-46), avec ses trois ordres superposés, le château de Vaux-le-Vicomte (Louis Le Vau, architecte, Le Nôtre, auteur des jardins, Le Brun, peintre), véritable prélude à Versailles, avec son portique et ses frontons et l'emploi de l'ordre colossal, la colonnade du Louvre (Claude Perrault, 1669), purement antique.
□ Pour l'art classique, Versailles, voulu par Louis XIV, est une apothéose.

■ L'architecture religieuse

La fameuse église du Gesù, à Rome, inspire l'architecture religieuse en France. Les églises de ce « style jésuite » sont de conception simple : une seule nef bordée de chapelles, des voûtes en berceau et des voûtes d'arêtes à pénétration, une coupole surmontée d'un dôme sur la croisée du transept. Les façades utilisent les ordres antiques superposés, le fronton triangulaire, les colonnes. Très lumineuses, ces églises sont richement décorées dans un esprit franchement baroque.

■ Versailles, réalisation volontariste

La réalisation déterminante du XVIIe siècle est le palais de Versailles, voulu par Louis XIV à partir d'un pavillon de chasse de Louis XIII. Le roi a orienté et surveillé tous les travaux.

En 1668, Le Vau « enveloppe » le château Louis XIII de bâtiments neufs. Côté jardins, il crée une élévation à trois niveaux : rez-de-chaussée percé de portes en plein cintre, étage à pilastres ioniques animé d'avant-corps à quatre colonnes, attique (petit étage) surmonté d'une balustrade, terrasse médiane.

Hardouin-Mansart prend la direction des nouveaux travaux en 1678, en collaboration avec Le Nôtre et Le Brun (décors intérieurs). Il remplace la terrasse Ouest de Le Vau par la galerie des Glaces et construit en retrait les ailes Nord et Sud. Cet ensemble, long de 580 m, respecte l'inspiration de Le Vau. Autres réalisations : ailes Sud et Nord des Ministres, à l'est de la cour Royale, Orangerie, Grand Trianon, chapelle. Le parc est créé par Le Nôtre. À gauche et à droite de l'axe central, plein ouest, constitué par le Tapis vert (allée royale) et le Grand canal, des allées rectilignes délimitent les bosquets et les bassins ornés de sculptures. C'est le type même des jardins à la française.

Les cinq âges de Versailles

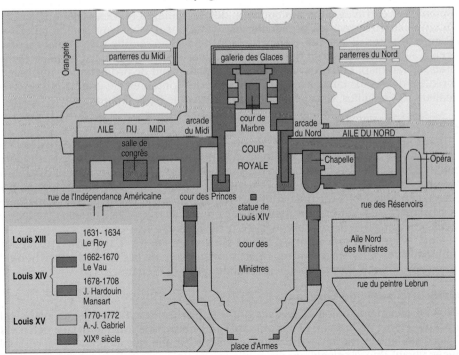

Orangerie

parterres du Midi — galerie des Glaces — parterres du Nord

AILE DU MIDI — arcade du Midi — cour de Marbre — arcade du Nord — AILE DU NORD

salle de congrès — COUR ROYALE — Chapelle — Opéra

rue de l'Indépendance Américaine — cour des Princes — rue des Réservoirs

statue de Louis XIV

Louis XIII	1631-1634 Le Roy	
Louis XIV	1662-1670 Le Vau	
	1678-1708 J. Hardouin Mansart	
Louis XV	1770-1772 A.-J. Gabriel	
	XIXe siècle	

cour des Ministres

Aile Nord des Ministres

rue du peintre Lebrun

place d'Armes

ÉCONOMIE

INFRASTRUCTURES

TOURISME CULTUREL

TOURISME BLEU

TOURISME VERT

TOURISME MONTAGNARD

Le siècle des Lumières

Le mouvement philosophique des Lumières, fondé sur la croyance au progrès dans tous les domaines, a pu donner son nom à tout le XVIIIᵉ siècle tant il inspire la réforme politique et économique, mais aussi la littérature, les beaux-arts et l'architecture, qui bénéficie d'une vague d'urbanisation intense.

▬▬ Des architectes philosophes

La plupart des architectes, acquis aux idées généreuses des Lumières, formés dans les académies et les écoles de dessin, assidus des recueils de gravures reproduisant vues de villes et ornements, entendent participer aux vastes programmes d'embellissement et de rajeunissement des villes. Ils sont persuadés qu'un urbanisme rationnellement conçu et de beaux édifices contribueront à suggérer des idéaux esthétiques et moraux élevés : l'art doit être didactique, ce qui n'exclut ni l'appel à la sensibilité ni la théâtralité des grandes réalisations.

▬▬ L'époque Louis XV

☐ Sous la Régence, puis sous Louis XV (1723-1774), les goûts évoluent vers le confort et la simplicité. Aussi les bâtiments sont-ils de dimensions plus modestes et les lignes courbes sont réhabilitées. On crée le salon et la salle à manger. L'ornementation et les meubles sont marqués par le style rocaille inspiré par les formes foisonnantes et extravagantes des rochers, des coquillages ou des végétaux.

☐ Souvent suscitées par les intendants, les opérations d'urbanisme sont nombreuses. À Rennes, Nantes, Bordeaux, Nancy ou Montpellier, on rectifie rues et places, on en perce d'autres, on construit des marchés couverts, des hôpitaux, des théâtres, des hôtels, on fait disparaître les anciens remparts au profit de promenades ombragées, on réalise de grands jardins à l'anglaise, avec des fontaines, de grands bassins, des escaliers. À Versailles, Gabriel construit l'opéra et le Petit Trianon.

▬▬ Le néo-classicisme

☐ Un retour à l'antique, abusivement appelé style Louis XVI, est manifeste dès 1740, sous Louis XV. Il est favorisé par le voyage des architectes en Italie, les premières fouilles à Pompéi et Herculanum, la passion pour l'art grec. Radicalement opposé au style rocaille, le néo-classicisme revient aux lignes droites et aux colonnes porteuses d'entablements (ce qui était l'esprit du portique antique) et rend apparentes les structures de l'édifice. L'ornementation admet les frises, les consoles (saillies en S), les guirlandes de fleurs chargées d'égayer l'ensemble.

☐ La période donne une infinité d'hôtels particuliers et de chartreuses, résidences campagnardes sans étage. Autres réalisations : place de la Concorde, Panthéon de Germain Soufflot, École de médecine, saline d'Arc-et-Senans.

▬▬ L'exemple de Bordeaux

Grâce au commerce colonial avec les Antilles, Bordeaux est devenue au XVIIIᵉ siècle le premier port de France. Les intendants ont contribué à transformer cette ville d'allure médiévale, entourée de nombreux marais, en une ville monumentale, véritable musée vivant du XVIIIᵉ siècle par ses édifices, ses voies majestueuses et ses musées.

BORDEAUX AU XVIIIe SIÈCLE

Place de la Bourse

■ Une révolution en trois phases

– 1700-1743. L'intendant Claude Bou-cher érige plusieurs fontaines publiques et confie aux Gabriel (père et fils) l'érec-tion de la place Royale (actuellement place de la Bourse) : plan semi-octogo-nal, élévation des édifices à 3 degrés, toit à balustres et mansardes, pavillons à pilastres et colonnes, frontons sculptés, mascarons (figures grotesques en saillie).

– 1743-1757. L'intendant Tourny impose des créations décisives : façade d'immeubles bordant les quais, sur plus d'un kilomètre, portes de ville, jardin Royal, nouvelles voies bordées d'immeubles constituant le Tri-angle bordelais.

– 1757-1800. Le duc de Richelieu, gou-verneur de Guyenne, commande à Victor Louis le Grand-Théâtre néo-classique, caractérisé par un péristyle à 12 colonnes, un entablement surmonté de 12 statues, un superbe vestibule, un escalier monu-mental. Monseigneur de Rohan fait bâtir un palais épiscopal dont la porte d'entrée donne sur une cour à péristyle. L'esca-lier d'honneur et les salons sont célèbres. De nombreux hôtels particuliers sont bâtis.

ÉCONOMIE

INFRASTRUCTURES

TOURISME CULTUREL

TOURISME BLEU

TOURISME VERT

TOURISME MONTAGNARD

Le XIXe siècle

Ce siècle est celui des hésitations, des néo-styles mais aussi de la révolution architecturale du fer, du verre et du béton, fille de l'industrie et des nouveaux besoins. Du Premier Empire à la guerre de 1914-18, plusieurs tendances s'affrontent, se croisent, disparaissent et reviennent.

Les solutions néo

□ Le néo-classicisme est l'art officiel de l'Empire napoléonien : la mode gréco-romaine coïncide avec les rêves de domination qui conduisent Napoléon à souhaiter une voie triomphale de l'Étoile à la Bastille. Cet art, qui se prolonge jusqu'en 1850, compte de belles réalisations : l'Arc de triomphe, par Chalgrin, l'arc de triomphe du Carrousel, chef-d'œuvre d'élégance dû à Percier et Fontaine, l'église de la Madeleine et la Bourse, vrai temple corinthien.

□ À partir de 1830, le néo-gothique s'explique par le renouveau chrétien, l'influence anglaise, le goût romantique pour l'art médiéval et le rôle du Service des monuments historiques. Cet art concerne d'abord les restaurations conduites par Viollet-le-Duc, de Notre-Dame de Paris à la cité de Carcassonne et quelques créations originales où le gothique épouse les colonnes et les ogives de fonte et de fer.

□ L'éclectisme, art officiel du Second Empire et de la IIIe République, essaie de réaliser la synthèse entre les styles du passé, l'exotisme et les nouveaux matériaux. Des catalogues de modèles sont à la disposition des architectes et des commanditaires. Tantôt on fusionne plusieurs styles dans la même construction et tantôt le même architecte change de style d'un édifice à l'autre. L'éclectisme a « habillé » des gares en les dotant d'une façade de pierre composite et suscité de multiples villas.

L'architecte et l'ingénieur

La civilisation industrielle défie l'architecture : saura-t-elle réaliser des bâtiments et des « ouvrages d'art » adaptés aux nouveaux besoins ? Et comment résoudra-t-elle le conflit entre l'art et la fonction ? À l'École des beaux-arts, on se contente d'analyser minutieusement l'architecture du passé. Pendant ce temps, les ingénieurs construisent des usines, des voies ferrées, des marchés couverts, dans une optique très fonctionnaliste. D'où l'opposition larvée entre les premiers et les seconds.

La révolution technologique : le fer, le verre et le béton

□ Associées au verre, les poutres de fer (dès 1850), puis d'acier, permettent d'alléger les structures et de découvrir d'immenses surfaces. Ces techniques sont utilisées avec bonheur par Labrouste à la bibliothèque Sainte-Geneviève et à la Bibliothèque nationale. Surtout, elles sont liées aux nouveaux types d'édifices dont la civilisation industrielle a besoin : ponts de Paris (des Arts, Mirabeau), viaduc de Garabit, grandes gares, grands magasins à escaliers géants et ascenseurs (le Printemps, la Samaritaine), marchés couverts (halles de Baltard). La tour Eiffel, construite pour l'Exposition universelle de 1889, résume le succès de la nouvelle architecture.

□ Inventé à la fin du siècle, le béton armé permet de supprimer les murs porteurs et suscite des plans libres. Les réalisations des frères Perret (maisons, Théâtre des Champs-Élysées) ou de H. Sauvage sont fonctionnelles.

LA PIERRE ET LE FER

■ L'Opéra de Paris

Avec l'Opéra de Paris, inauguré en 1875, Charles Garnier a bâti le chef-d'œuvre de l'éclectisme. La façade de pierre évoque la Renaissance et le baroque avec les arcades en plein cintre du hall et l'ample loggia à l'étage. À l'intérieur se succèdent des volumes fonctionnels : foyer, salle en fer à cheval, scène, grand escalier sur lequel peut se dérouler la parade sociale. La structure de l'ensemble, métallique, est cachée par l'onyx, le marbre et le bronze. Pour la couverture, des coupoles et un dessus de scène au pignon en forme de temple sont utilisés.

■ La Bibliothèque nationale

La grande salle de lecture, réalisée par Labrouste, est éclairée par des coupoles vitrées dont les arcs métalliques reposent sur des colonnes de fonte. La structure est donc apparente et le choix est fonctionnaliste. Les chapiteaux sont une concession à la tradition.

ÉCONOMIE

INFRASTRUCTURES

TOURISME CULTUREL

TOURISME BLEU

TOURISME VERT

TOURISME MONTAGNARD

Le XXᵉ siècle

Le touriste pressé se contente souvent de visiter les quartiers historiques. Il oublie que la civilisation actuelle offre des réalisations d'un grand intérêt architectural ou culturel : immeubles et maisons résumant un style, stades, maisons de la culture, édifices civils ou religieux et toutes les infrastructures liées à un tourisme industriel.

■■■■ Architecture et urbanisme

Parce que la révolution industrielle a produit des zones tristes faites de cités ouvrières sinistres ou de quartiers bourgeois d'une austère froideur, les architectes contemporains ne se contentent pas de tester les nouveaux matériaux et de bâtir des « machines à habiter ». Ils développent tous une réflexion urbanistique et sociologique : une urbanisation différente de la ville traditionnelle est-elle possible ? Peut-on rêver d'un habitat égalitaire ? Faut-il réhabiliter la maison individuelle ?

■■■■ Un style international

□ C'est le nom donné au modernisme qui a triomphé dans le monde entier de 1918 aux années 50 et dont les partisans ont adopté une conception géométrisante et fonctionnaliste des édifices et celle d'un zonage de l'espace.

□ Le béton armé, le béton précontraint, l'acier et le verre permettent des audaces techniques. Ainsi, Le Corbusier, chef de file des modernistes et initiateur de la *Charte d'Athènes*, qui définit le style international, adopte pour la maison individuelle les pilotis, l'ossature sans murs porteurs, le plan libre avec des cloisons amovibles, le toit-terrasse, les baies vitrées en longueur pour assurer transparence et clarté. Le béton reste nu, sans ornementation. Pour les immeubles et les cités-jardins, les principes sont identiques.

□ Les réalisations de ce style sont nombreuses. T. Garnier a construit, à Lyon, les abattoirs, le stade et l'hôpital E. Herriot. De Le Corbusier il faut citer la villa Savoye de Poissy (1931), le pavillon suisse de la Cité Universitaire (1933) et, après la guerre, la Cité radieuse de Marseille et l'église de Ronchamp. La reconstruction du Havre par A. Perret et celle de Royan par A. Ferret sont fidèles au modernisme.

■■■■ Une époque d'intense urbanisation

□ Pendant les années 50, les principes de Le Corbusier, passablement détournés, ont été la caution d'un urbanisme aujourd'hui rejeté : bâtiments industriels et commerciaux au sortir des villes, banlieues-dortoirs aux parallélépipèdes et aux tours de béton sans âme, immenses parkings, mais peu d'espaces verts et de services.

□ Dans les années 50-70, la conscience de ces échecs et la nécessité de désengorger Paris ont conduit à créer des villes nouvelles rationnellement organisées, avec des immeubles à l'échelle humaine et des lotissements, des espaces verts et des édifices publics originaux, le tout confié à de grands architectes comme Bofill (Cergy-Pontoise) ou Nuñez (arènes de Picasso à Marne-la-Vallée).

□ Parallèlement, Paris s'enrichit d'édifices de prestige, du Centre G. Pompidou, de style high tech, à la Cité de la Villette ou à l'Institut du monde arabe. Partout une politique de réhabilitation des quartiers anciens, le refus du gigantisme, le respect du site et des matériaux locaux sont les critères retenus par la jeune architecture.

Le quartier de Bercy à Paris

■ Le modernisme de Le Corbusier

La villa Savoye est l'archétype du style international.

■ Le palais Omnisports de Bercy et le ministère de l'Économie et des Finances

Les architectes P. Chemetov et B. Huidrobo ont pris appui dans la Seine et sur le quai pour réaliser le bâtiment principal long de 365 m, en correspondance avec les arcades du viaduc du métro. L'accent est mis sur l'horizontalité et l'absence de symétrie qui évite les effets de masse et de monotonie. Le palais Omnisports (Andrault, Parat, Guvan) peut accueillir 17 000 spectateurs.

ÉCONOMIE

INFRASTRUCTURES

TOURISME CULTUREL

TOURISME BLEU

TOURISME VERT

TOURISME MONTAGNARD

Le tourisme industriel

Des manufactures royales aux usines ultramodernes d'aujourd'hui, des roues des moulins aux turbines, les lieux et les objets industriels sont actuellement valorisés comme appartenant au patrimoine culturel. Ainsi, certaines friches industrielles du Nord et de l'Est sont réhabilitées pour faire l'objet d'un tourisme industriel.

■■■■ Le patrimoine industriel

Les sites et les bâtiments industriels doivent beaucoup aux associations constituées pour leur réhabilitation. Ainsi, l'Association des forges de Buffon, en Bourgogne, a remis en état le site et les bâtiments du XVIIIᵉ siècle créés par Buffon et ouvert un musée, éclaté en cinq lieux. De même, une association a remis en valeur la célèbre chocolaterie Menier à Marne-la-Vallée. Les sites industriels peuvent aussi être intégrés dans un écomusée ou devenir des monuments historiques.

■■■■ Un nouveau type de tourisme

☐ Les sites industriels suscitent deux grands types de visites : la visite ponctuelle d'un musée ou d'un site isolé, par exemple l'ancienne corderie royale de Rochefort, et le circuit thématique auquel invite la structure des écomusées. Parfois, le site industriel est devenu un lieu d'animation et de rencontres culturelles comme la saline royale d'Arc-et-Senans.

☐ De grands musées spécialisés permettent aussi la découverte des outils, des machines et des techniques, tel le musée national des Techniques à Paris.

■■■■ Les sites industriels de l'Ancien Régime

Les lieux sont les bords de rivière puisque la force hydraulique qui meut les roues à palettes et les engrenages caractérise cette période. De même, la fonte au bois commande les implantations à proximité des forêts. L'architecture des manufactures est classique, des murs porteurs aux colonnes et aux frontons de type grec, comme la manufacture Van Robais, à Abbeville.

■■■■ Les sites industriels du XIXᵉ siècle

☐ La révolution industrielle provoque l'ouverture et le développement des mines de houille et de fer, dans le Nord, l'Est et la région de Saint-Étienne. Les usines sidérurgiques ou textiles s'installent à proximité mais la machine à vapeur n'est pas tributaire d'un lieu, d'où l'essor des banlieues et des ports.

☐ L'architecture industrielle utilise le fer, l'acier et le verre, mais aussi la brique. Les usines à sheds, ou combles asymétriques pour un meilleur éclairage, sont nombreuses. Le style éclectique caractérise les maisons et les châteaux des propriétaires : l'usine Motte-Bossut de Roubaix est néo-gothique.

☐ Mines et carrières, usines métallurgiques ou textiles, œuvres de génie civil comme les viaducs, les docks, les écluses sont souvent devenus des lieux visitables.

■■■■ Les sites industriels du XXᵉ siècle

Les barrages en montagne, les centrales hydroélectriques ou nucléaires, les grands ponts, les aéroports futuristes participent eux aussi du tourisme industriel.

OUTILS, MACHINES ET TECHNIQUES RETROUVÉS

■ Carte du patrimoine industriel

Roubaix (usine Motte-Bossut)

Lille *m*

Lewarde : centre minier

Fourmies Trélon : écomusée (textile, verre)

Musée national des Télécommunications **XXe**

Palais de la Bénédictine

Écomusée : *m* Denain
agriculture

Fécamp

Guise

Familistère
Godin

Carling : centre
de culture technique

Compiègne *m*

Meisenthal :
verrerie

Hétomesnil

Le Bourget *m*

Reims *m*

Pleumeur-Bodou

Marne la Vallée :
chocolaterie Menier

Jarville
histoire du fer *m*

m *m* *m*
Paris

Usine marémotrice
de la Rance

Forges
de Buffon
XVIIIe

Mulhouse *m* *m*

Sochaux *m*

Hennebont

*Écomusée
des Forges*

Trélazé

Montbard

Saline royale
XVIIIe

Centrale
atomique
XXe

Chinon

Carrières
d'ardoise

Arc-et- Senans

*Écomusée
(mines, sidérurgie)*

Le Creusot

Rochefort

Corderie
royale
XVIIIe

Roanne

Lyon *m*

Écomusée
industriel : textiles

Visite
d'une mine

St-Étienne *m*

Viaduc de Garabit
(Eiffel)

Gordes :
moulins à huile

St-Hippolyte
du Fort

Mougins *m*

Écomusée
et circuit de la soie
XVIIIe

m musée industriel
m musée du textile
m musée ferroviaire
m musée de l'automobile
m musée de l'aviation

Paris :
• Musée national
des techniques,
• Palais de la
découverte,
• Cité de la Villette

■ La saline d'Arc-et-Senans

Cette manufacture royale, construite par C.H. Ledoux (1775-1779) dans le style classique, devait exploiter les eaux saumâtres de Salins, amenées par les conduites de bois. La forêt proche fournissait le bois nécessaire au traitement des eaux. Autour de la saline, l'architecte avait imaginé une ville idéale, mais seule la manufacture fut édifiée.

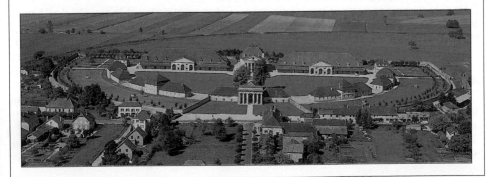

ÉCONOMIE
INFRASTRUCTURES
TOURISME CULTUREL
TOURISME BLEU
TOURISME VERT
TOURISME MONTAGNARD

Le tourisme historique

Très proche du tourisme culturel, le tourisme historique s'inté-resse davantage à l'événementiel, aux grands moments de l'his-toire, dont témoignent des sites, des monuments et des musées. Ce tourisme est l'objet de circuits thématiques (les châteaux cathares, les plages du débarquement) ou d'arrêts ponctuels.

▬▬▬ Typologie des hauts lieux historiques

□ On distingue, d'une part, les espaces découverts, tels d'anciens lieux de batailles (Alésia, lieu de la défaite de Vercingétorix, Crécy ou Azincourt, qui connurent les défaites françaises de la guerre de Cent ans). Certains champs de bataille sont presque intacts (Vimy, la région d'Albert, Verdun, le sommet vosgien du Linge, où les tranchées, les casemates, les sols détruits témoignent de la cruauté de la Grande Guerre) ; citons également les plages du Débarquement de 1944 en Normandie.

□ Il s'agit d'autre part des bâtiments témoins ; bon nombre sont des monuments his-toriques très fréquentés, comme l'Arc de triomphe (plus d'un million de visiteurs par an), la Conciergerie (230 000 visiteurs par an), le Panthéon (190 000) ou des palais nationaux comme Versailles (le plus visité, avec près de 3 millions d'entrées), Fon-tainebleau, la Malmaison, le château de Pau (Henri IV), Compiègne. D'autres bâti-ments sont des témoins plus humbles de l'histoire ; parmi eux la maison de Jeanne d'Arc, à Domrémy, le fort de Vaux, à Verdun, les ruines de l'abbaye de Port-Royal, rasée sur l'ordre de Louis XIV, les forts de la ligne Maginot (1940), le mur du Père-Lachaise devant lequel furent fusillés les Communards…

□ Il s'agit enfin des monuments commémoratifs : les mémoriaux de la guerre de 1914-1918, construits sur les champs de bataille, l'ossuaire de Douaumont, la gigantesque croix de Lorraine de Colombey-les-Deux-Églises (de Gaulle), ou la sculpture de béton d'Émile Gilioli installée, en hommage à la Résistance, sur le plateau des Glières.

▬▬▬ Un tourisme de symboles

□ La visite des hauts lieux de l'histoire ne peut laisser indifférent en raison de leur charge symbolique considérable. Par exemple, le château de Montségur symbolise la lutte pour la liberté de conscience (207 cathares y furent brûlés en 1244), les ruines d'Oradour témoignent de la barbarie nazie et le moulin de Valmy résume encore le triomphe de la Révolution française.

□ Le rôle des musées n'est pas négligeable. Citons notamment le musée de l'Armée des Invalides ou le musée de la Révolution française, à Vizille ; mais il existe aussi de petits musées, rendant hommage avec ferveur à un grand homme (maison de P. Paoli à Morosaglia) ou à un événement (Bazeilles, maison de la Dernière Cartouche).

▬▬▬ Un tourisme de spectacles

□ Il peut s'agir de commémorations et de rites : la fête nationale du 14 juillet, les fêtes du bicentenaire de la Révolution française. Les commémorations des victoires atti-rent de nombreux touristes ou des anciens combattants.

□ Les spectacles son et lumière sont innombrables et attirent des milliers de tou-ristes chaque année, comme par exemple le spectacle du Puy-du-Fou en Vendée.

LES LIEUX DE LA MÉMOIRE

■ Grands musées d'histoire

Armée
Musée de l'Armée (hôtel des Invalides), musée Carnavalet, musée de la Marine, tous trois à Paris.

Monarchie
Musée national du château de Versailles, musée d'art et d'histoire de Saint-Denis, musée Carnavalet (histoire de Paris).

Révolution française
Musée de la Révolution française, à Vizille.

Premier Empire
Musée national du château et musée Napoléon Ier de Fontainebleau, musée national du château de Malmaison (Bonaparte et Joséphine).

Second Empire
Musée national du château de Compiègne.

Première Guerre mondiale
Musée de l'Armée à Paris, musée de la Clairière de l'Armistice, près de Compiègne, historial de la Grande Guerre à Péronne.

Seconde Guerre mondiale
Mémorial de Caen (la guerre, le débarquement), mémorial du Débarquement en Provence près de Toulon.
Résistance et déportation : Centre national Jean-Moulin à Bordeaux, musée de la Résistance et de la Déportation à Lyon, musée de la Résistance nationale à Champigny-sur-Marne, musée de la Déportation à Watzwiller (camp du Struthof), nombreux musées d'importance régionale : Arras, Besançon, Denain, Grenoble, Toulouse, etc.

■ Verdun

Avec 500 000 ou 800 000 tués, selon les estimations, la bataille de Verdun est l'une des plus sanglantes de la Grande Guerre, le lieu de la résistance à tout prix, entre février et juillet 1916, et de la contre-offensive victorieuse de 1917. Verdun est le tournant de la guerre, le lieu atroce des bombardements, des charges à la baïonnette, de l'emploi des gaz toxiques. Symbole du sacrifice et du patriotisme, Verdun est toutefois devenu un haut lieu de la réconciliation franco-allemande.

On y visite les lieux des combats : l'ossuaire lugubre de Douaumont, de style expressionniste (deux ailes, une tour des Morts évoquant un obus, un phare ou un périscope), la tranchée des Baïonnettes (soldats ensevelis), les forts de Vaux et de Douaumont, pris et repris, et les impressionnants cimetières. Le mémorial, grâce à la vidéo, aux diaporamas, aux collections d'armes, permet d'évoquer la terrible bataille.

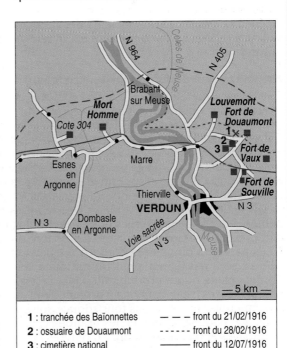

1 : tranchée des Baïonnettes
2 : ossuaire de Douaumont
3 : cimetière national

— — — front du 21/02/1916
- - - - - front du 28/02/1916
——— front du 12/07/1916

ÉCONOMIE

INFRASTRUCTURES

TOURISME CULTUREL

TOURISME BLEU

TOURISME VERT

TOURISME MONTAGNARD

Le tourisme religieux

Les cinq millions de pèlerins qui se rendent à Lourdes chaque année, comme les 200 000 visiteurs de Notre-Dame de La Salette sont aussi des touristes, au sens plus profane du terme : ils utilisent les infrastructures d'accueil. Ils côtoient dans les espaces sacrés des touristes pour lesquels le site religieux a surtout un intérêt culturel.

▬▬▬ Tourisme et pèlerinage

☐ L'ampleur des grands pèlerinages médiévaux vers Saint-Jacques-de-Compostelle, Rome, Rocamadour ou le Mont-Saint-Michel s'explique par une foi immensément partagée et par la quête de signes tangibles du sacré, rencontrés en chemin et en fin de parcours. Bien entendu, ces longues et dures pérégrinations imposaient l'existence d'organisations de défense (ordres de chevalerie) et d'accueil (hospices, monastères) dont les vestiges sont devenus des lieux touristiques.

☐ À l'époque moderne, les grands pèlerinages vers Lourdes, Ars ou Lisieux empruntent le train ou le car et font appel à de puissantes infrastructures d'accueil. La Pastorale du tourisme met l'accent sur les valeurs spirituelles (rencontre d'autrui, des autres cultures, de soi-même) que véhicule le tourisme religieux, c'est-à-dire un tourisme envisagé d'abord pour des raisons religieuses, mais qui peut être porteur d'épisodes culturels ou touristiques. Le renouveau des pèlerinages pédestres vers Chartres ou même vers Saint-Jacques-de-Compostelle, au même titre que l'accueil de jeunes chrétiens dans des lieux œcuméniques tels Taizé ajoutent au tourisme religieux des composantes qui relèvent du tourisme vert ou du tourisme culturel.

▬▬▬ Les caractères du tourisme religieux

☐ Les lieux sacrés sont de plusieurs types. Les grottes sont toujours perçues comme mystérieuses, quoique protectrices (grotte de Lourdes), les sommets des collines ou les régions montagneuses (Fourvière à Lyon, Mont-Sainte-Odile en Alsace, sanctuaires alpins ou auvergnats) semblent proches du ciel. Les forêts ou les rivages (Saintes-Maries-de-la-Mer, Boulogne) sont propices aux apparitions et aux « visitations ». À Domrémy, village de Jeanne d'Arc ou à Paray-le-Monial, lieu de la révélation du Sacré Cœur de Jésus, ont été conservées les chapelles, les cryptes, les maisons fréquentées par les saints et les saintes. De grandes basiliques ont été érigées au siècle dernier ou de nos jours. Des reliques (vêtements, objets usuels, ossements) et des statues (vierges noires, de Boulogne aux sanctuaires méridionaux) y sont présentées dans des musées d'art sacré ou de cire.

☐ Les parcours du pèlerin, d'abord religieux et axés sur la visite des lieux et les prières, sont aussi largement touristiques : ils peuvent s'accompagner d'achats d'objets pieux ou de produits du pays, de visites culturelles (vieille ville, monuments, musées), d'excursions à proximité ou encore de tourisme gastronomique.

☐ De multiples localisations touristiques doivent leur fréquentation à l'héritage religieux. Le Mont-Saint-Michel, les grandes cathédrales (Paris, Chartres, Marseille), les abbayes et un grand nombre d'œuvres artistiques (vitraux, mosaïques, ivoires, peintures) sont d'abord tributaires du sacré, avant d'être partie prenante du tourisme culturel.

LES PÈLERINAGES

■ Lieux de pèlerinage catholique

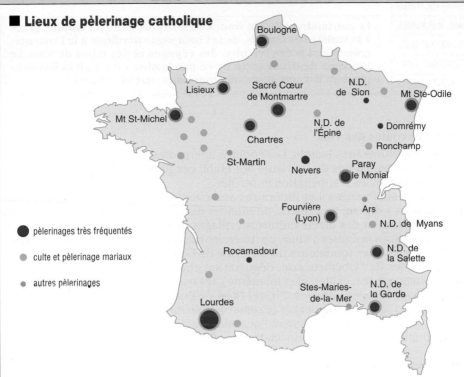

Boulogne

Lisieux
Sacré Cœur
de Montmartre
N.D.
de Sion
Mt Sté-Odile

Mt St-Michel
N.D. de
l'Épine
Domrémy

Chartres
Ronchamp

St-Martin
Nevers
Paray
le Monial

Fourvière
(Lyon)
Ars
N.D. de Myans

Rocamadour
N.D. de
la Salette

Stes-Maries-
de-la- Mer
N.D. de
la Garde

Lourdes

● pèlerinages très fréquentés

● culte et pèlerinage mariaux

● autres pèlerinages

■ Lourdes

L'évolution de la fréquentation est la suivante : vers 1880, un quart de siècle après les apparitions de la Vierge à Bernadette Soubirous, la plupart des pèlerins viennent du Sud-Ouest, qui est facilement desservi par le chemin de fer. En 1930, avec l'essor du réseau ferroviaire national, les régions du nord, de l'ouest et du sud du Massif central sont les plus représentées (zones rurales et conservatrices). Aujourd'hui, les pèlerins étrangers constituent 60 % des 5 millions de visiteurs (4 pèlerinages par an).

Les lieux saints sont la grotte des Apparitions, l'esplanade du Rosaire (rassemblements religieux), la basilique néogothique (1871), la basilique néo-byzantine du Rosaire (1889), bâtie au-dessus du gave de Pau qui sépare les lieux sacrés de la ville haute, la basilique souterraine St-Pie-X (1958), qui peut contenir 20 000 pèlerins (voûtes de béton précontraint), le calvaire et les lieux jadis fréquentés par B. Soubirous.

Les lieux touristiques sont les musées et le château fort, concentrés dans la ville haute. Les visiteurs peuvent aussi monter au pic du Jer (948 m) en funiculaire et participer à des excursions vertes.

Une étude sociologique révèle que les pèlerins en groupe se limitent aux trajets hôtel-périmètre sacré (ces touristes souvent plus âgés ont un programme religieux strict) tandis que les individuels pratiquent plus largement les tourismes culturel et vert et font des emplettes dans le secteur commercial.

ÉCONOMIE

INFRASTRUCTURES

TOURISME CULTUREL

TOURISME BLEU

TOURISME VERT

TOURISME MONTAGNARD

Le tourisme viticole

Le patrimoine viticole français est le plus riche du monde, grâce à la variété des climats, de la Champagne nordique à la Provence, grâce aussi à des terroirs, des cépages et des types de vins. Le tourisme de découverte de ce patrimoine est en plein développement. Il s'apparente aux tourismes vert et culturel.

▬▬▬ Les routes des vins

☐ Il existe des itinéraires balisés. Les comités interprofessionnels, les comités régionaux ou départementaux du tourisme ont établi ces itinéraires pour la découverte des grands vignobles d'appellation contrôlée.

☐ Les étapes sont variées. Les itinéraires associent des étapes viti-vinicoles (visite de « châteaux » du vin, de celliers, de musées du vin, de terroirs, de sentiers viti-coles aménagés) et des arrêts culturels (villages de vignerons alsaciens ou juras-siens, monastères et églises). Ainsi, un itinéraire bourguignon fera connaître l'abbaye de Pontigny (moines fondateurs du vignoble de Chablis), la petite ville de Chablis (caves voûtées de l'Obédiencerie, dégustation chez les viticulteurs), le Clos-Vou-geot (château-musée, cellier, clos lui-même), les maisons de négoce de Nuits-Saint-Georges, les paysages viticoles, l'Hôtel-Dieu de Beaune (ancien hôpital gothique, triptyque du Jugement dernier) et le remarquable musée du Vin de cette ville.

☐ Les circuits guidés en car donnent l'occasion de visiter des lieux généralement fer-més au public, d'obtenir des informations précises et de déguster sans risques.

▬▬▬ Les musées du vin

☐ Des musées encyclopédiques présentent des informations et des objets viticoles (panneaux explicatifs, photos, outillage), œnologiques (explications, pressoirs, cuve-rie...) et esthétiques (bouteilles, étiquettes, verres, faïences, affiches, enseignes, œuvres d'art inspirées par le vin). Exemples : Beaune, Arbois, Champlitte.

☐ Certains musées sont à thématique particulière. C'est le cas d'un musée des pres-soirs (maison Mercier à Épernay) ou d'un musée de la tonnellerie (Cognac).

☐ Il existe d'autres formules : beaucoup de musées ethnographiques présentent par exemple une section viti-vinicole (musée d'Aquitaine à Bordeaux, musée Unter-linden à Colmar). Quelques exploitations offrent un micromusée à l'attention des visi-teurs, d'autres s'ouvrent à des expositions artistiques.

▬▬▬ Festivités et foires

☐ Saint Vincent, patron des vignerons, est partout célébré le 22 janvier ; les fêtes des vendanges donnent lieu à des réjouissances populaires, dans un style parfois bur-lesque (combats de paillasses dans la lie de vin à Cournontéral et dans l'Hérault). En Bourgogne, les « Trois Glorieuses » de la mi-novembre font place à une assemblée de la confrérie des Tastevins le premier jour, à la vente des hospices de Beaune le deuxième, à la Paulée, gigantesque banquet, le troisième jour.

☐ Les foires relèvent d'un tourisme d'affaires et sont l'occasion de faire connaître les différents produits et d'organiser des concours. Les plus célèbres sont le Salon de l'agriculture, le Salon des caves particulières à Paris, les foires de Bordeaux, Dijon, Reims, Orange, Tours, Colmar, Mâcon, etc.

LES HAUTS LIEUX DU VIN

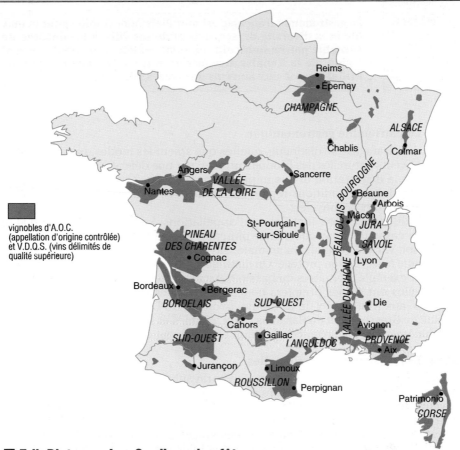

vignobles d'A.O.C.
(appellation d'origine contrôlée)
et V.D.Q.S. (vins délimités de
qualité supérieure)

Reims
Épernay
CHAMPAGNE
ALSACE
Chablis
Colmar
Angers
Sancerre
BOURGOGNE
VALLÉE
DE LA LOIRE
Nantes
Beaune
Arbois
Mâcon
JURA
St-Pourçain-
sur-Sioule
PINEAU
DES CHARENTES
SAVOIE
Lyon
Cognac
BEAUJOLAIS
Bordeaux
Bergerac
VALLÉE DU RHÔNE
Die
BORDELAIS
SUD-OUEST
Cahors
Avignon
SUD-OUEST
Gaillac
LANGUEDOC
PROVENCE
Aix
Jurançon
Limoux
ROUSSILLON
Perpignan
Patrimonio
CORSE

■ Erik Dietman : Les Gardiens des fûts

Ces 21 sculptures en bronze, verre soufflé, marbre et chêne sont installées dans le
chai de réception du château Dillon (lycée viticole de Bordeaux - Blanquefort).

ÉCONOMIE

INFRASTRUCTURES

TOURISME CULTUREL

TOURISME BLEU

TOURISME VERT

TOURISME MONTAGNARD

Le tourisme gastronomique

La gastronomie française est mondialement connue pour la qualité et la diversité de ses mets et de ses vins. Elle constitue un véritable patrimoine culturel, dont les lettres de noblesse sont légion, de la Renaissance aux grands chefs d'aujourd'hui, de Brillat-Savarin aux lauréats des lycées hôteliers.

▬▬▬ Le patrimoine gastronomique

☐ La cuisine française se distingue, quelles que soient les modes, par une valorisation des saveurs naturelles des produits utilisés, par une délicatesse qui tient compte à la fois de la dégustation et des impressions visuelles (couleurs, décor), par la variété (produits et traditions régionaux, influences étrangères) et enfin par une créativité toujours renouvelée.

☐ Les produits du terroir font l'objet d'appellations. Le beurre blanc est d'abord nantais, le cassoulet languedocien, le piment d'Espelette basque. À chaque terroir (climat, sol, variété végétale ou animale, savoir-faire) correspondent des produits uniques que la législation protège. On distingue l'appellation d'origine simple (loi de 1919), par exemple les huîtres du bassin d'Arcachon, et les appellations contrôlées dont les vins ont été les premiers bénéficiaires. Elles s'étendent aujourd'hui aux fromages, aux fruits (noix de Grenoble, pruneau du Lot-et-Garonne), aux viandes (volaille de Bresse, bœuf du Bazadais), aux légumes et à bien d'autres produits, des eaux minérales au pain d'épices de Dijon et au nougat de Montélimar.

▬▬▬ Les découvertes personnelles

☐ Beaucoup de touristes, en camping, en caravaning ou en résidence de tourisme profitent de leur séjour ou de leurs arrêts pour acheter des vins et des produits, souvent labellisés, représentatifs de la gastronomie locale, notamment des légumes, des fruits, des charcuteries ou des fromages, des pâtisseries et des confiseries.

☐ Il est désormais possible d'effectuer des stages en cuisine (pour apprendre par exemple à faire soi-même des confits et des foies gras, une bouillabaisse) et des stages de dégustation (université du vin de Suze-la-Rousse, clubs de dégustation dans toutes les régions viticoles).

▬▬▬ Des bistrots aux grandes tables

☐ Les bistrots, simples débits de boissons à l'origine, sont maintenant des restaurants modestes où le décor rétro (le fameux comptoir, les glaces et les petites tables), la cuisine de type familial et local, l'ambiance conviviale et le vin au verre composent un savoir-vivre à la française. De même, les brasseries ne se limitent pas à servir de la bière : on peut y déguster des spécialités locales simples et, en Alsace ou à Paris, une choucroute et des vins servis par un personnel costumé.

☐ Les restaurants sont des établissements d'une grande diversité allant de l'auberge de village et du restaurant de l'hôtel aux tables prestigieuses où l'on se rend... en pèlerinage. La gastronomie y est un art en raison de la qualité des prestations : cuisine de haut niveau, accord des mets et des vins (conseils du sommelier), cadre adapté (vieilles demeures ou architecture moderne), rites du service, accueil.

LE PATRIMOINE GOURMAND

■ Célèbres plats régionaux

Alsace : charcuteries, foie gras, choucroute, tarte à l'oignon, kougelhopf (pâtisserie).

Aquitaine : alose, lamproie, pibales de Garonne, entrecôte à la bordelaise, cèpes, confits, foie gras, garbure (Pyrénées).

Auvergne : potée, aligot, truffade, tripoux, lentilles du Puy.

Bourgogne : jambon persillé, escargots, coq au vin, fondue, pochouse (bouillabaisse d'eau douce).

Bretagne : poissons et crustacés, cotriade, andouille, crêpes.

Centre : truffiat, lapin farci, poulet en barbouille.

Champagne-Ardenne : andouillette de Troyes, jambon des Ardennes, poissons de rivière.

Corse : cochonnailles, lonzu, coppa, pâtes, gibier.

Franche-Comté : poissons de rivière, spécialités aux morilles.

Languedoc-Roussillon : brandade de morue, soupe au poisson, gibier, cargolade (escargots grillés).

Limousin : cuisine aux châtaignes, bréjaude (soupe), lièvre farci, pâtés en croûte, clafoutis.

Lorraine : quiche, poissons de rivière, recettes au lard, potée.

Midi-Pyrénées : cassoulet, foie gras, confits.

Nord-Pas-de-Calais : lapin aux pruneaux, cuisine flamande (carbonade, potjev leesch).

Normandie : cochonnailles, poissons de mer, tripes à la mode de Caen, cuisine à la crème et au cidre.

Pays de la Loire : rillettes, poissons de rivière, caneton nantais.

Picardie : ficelle, anguilles au vert, tarte aux poireaux.

Poitou-Charentes : mojettes (haricots), mouclade.

Provence-Alpes-Côte d'Azur : cuisine à l'huile d'olive, aïoli, bouillabaisse.

Rhône-Alpes : cuisine lyonnaise (quenelles, cervelas chaud, sauces), gratin dauphinois, poissons des lacs alpins, pognes (viennoiserie).

■ Les fromages de France

La variété des fromages est inouïe. Elle s'explique par la géographie (montagnes et régions d'élevage, vaches normandes ou brebis pyrénéennes) et des savoir-faire ancestraux qui déterminent différents types de fromages : pâte molle à croûte fleurie (brie de Meaux, camembert, chaource, pyramide chèvre), à croûte lavée (boulette d'Avesnes, époisses, livarot, maroilles, munster, reblochon, vacherin Mont-d'Or), à croûte naturelle (brie de Melun, brocciu (brebis), chabichou (chèvre), crottin de Chavignol (chèvre)) ; pâte pressée non cuite (aligot, cantal, laguiole, laruns, saint-nectaire, salers, tomme de Savoie), cuite (comté, emmental français) ; pâte persillée (bleus de vache des Causses, d'Auvergne, bleus de brebis de Corse, de Roquefort, fourme d'Ambert).

■ L'information gastronomique

Toute une littérature spécialisée (livres, revues, rubriques des journaux) présente la gastronomie. Les classements les plus fiables sont ceux du guide Michelin (3 étoiles : vaut le voyage ; 2 étoiles : mérite un détour ; 1 étoile : très bonne table dans sa catégorie), de Gault et Millau, qui décerne des « toques », du Guide Hubert (France Sud, de une à quatre assiettes, de une à quatre marmites pour les « conservatoires » de la cuisine régionale), du Bottin gourmand, de R. Escay (des bibles).

ÉCONOMIE

INFRASTRUCTURES

TOURISME CULTUREL

TOURISME BLEU

TOURISME VERT

TOURISME MONTAGNARD

Les stations balnéaires

Le tourisme balnéaire naît et se développe au siècle dernier. Les stations nouvellement créées permettent la pratique des bains de mer, pris d'abord sur prescription médicale. Elles répondent aussi à la quête du soleil, de la tonicité des climats marins et des activités ludiques.

Naissance des stations balnéaires

☐ Trois phases peuvent être distinguées.
– Avant 1850 : Dieppe, première station française, se développe dès 1824. Nice et Cannes, appréciées dès la fin du XVIIIᵉ siècle, « démarrent » en 1830-1840. Biarritz et Dinard sont « lancées » vers 1850.
– Le Second Empire (1851-1871) est la grande époque : Le Pouliguen en 1854, Arcachon en 1857, Deauville, Trouville, Cabourg, Pornichet, dans les années 1860.
– La Troisième République voit naître deux grandes stations : La Baule, à partir de 1879, et le Touquet (1882-1903). Nombreuses petites stations sur toutes les côtes.
☐ L'essor des chemins de fer et l'esprit d'entreprise des hommes d'affaires ont facilité la naissance des grandes stations. Les vacanciers, de la famille impériale aux aristocrates et aux bourgeois, prisent davantage le casino, le golf, l'hippodrome et les mondanités que les bains de mer.

Les stations balnéaires greffées

Un premier type de station correspond à des aménagements touristiques en prolongement d'une ville ou d'un port. C'est le cas général sur la Côte d'Azur où sont recherchées la douceur du climat, propice à un tourisme d'hiver, et les perspectives sur la mer à partir des hauteurs dominant une baie (Nice, Cannes, Monaco). Le succès de Dieppe, d'Étretat ou de Saint-Malo s'explique de la même manière.

Les stations balnéaires *ex nihilo*

☐ Les stations de type anglais ressemblent à un T renversé. La tige représente la rue principale, de la gare au front de mer. Initialement, elles sont mononucléaires (un seul lotissement résidentiel) et bipolaires (bains de mer et casino). Exemples en France : stations nordiques (Bray-Dunes, Wimereux) ou aquitaines (Soulac, Lacanau, Arcachon).
☐ Des lotisseurs ont créé de grandes stations dans des sites littoraux vides d'habitants comme à Deauville, Trouville, Cabourg, Le Touquet ou La Baule.

Structure des stations traditionnelles

☐ Malgré les différences dues aux contraintes géographiques, à l'existant (une ville, un petit port), aux choix urbanistiques, les stations traditionnelles sont multipolaires (pluralité d'attractions) : le front de mer associe, en parallèle, la plage, une promenade piétonne sur le sable, une route bordée d'hôtels, des commerces, un casino, etc.
☐ Ces stations sont polynucléaires : noyaux résidentiels de lotissements en damier, espaces sportifs, hippodrome, secteur commercial, etc.

LA STRUCTURE SPATIALE
DES STATIONS TRADITIONNELLES

■ Nice, station greffée

Nice est l'exemple classique d'une station greffée sur une vieille ville et son port. De la création de la Promenade des Anglais à nos jours, le développement a été linéaire, d'est en ouest, jusqu'à l'aéroport, et en croissant au nord. Nice est polynucléaire et multipolaire.

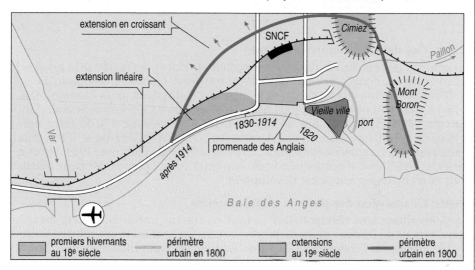

	premiers hivernants au 18e siècle		périmètre urbain en 1800		extensions au 19e siècle		périmètre urbain en 1900

■ Le Touquet : du damier au plan radio-concentrique

Le Touquet est un exemple de grande station créée *ex nihilo* et planifiée. Derrière le front de mer (plage, digue promenade, boulevard linéaire) les premiers lotissements résidentiels ont été conçus en damier. Un second noyau touristique s'est développé à l'est du premier, dans la forêt, selon un plan radio-concentrique autour de la place de l'Hermitage, comme à Cabourg : villas, hippodrome, palais des sports, casino… En bord de mer, l'extension du Touquet est linéaire vers le nord et le sud (néovillages, campings). Bref, la station est polynucléaire et multipolaire (baignade, sports, congrès).

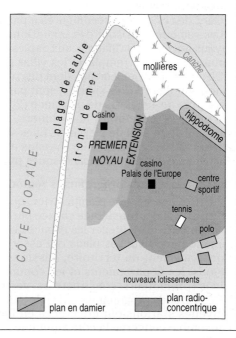

	plan en damier		plan radio-concentrique

ÉCONOMIE

INFRASTRUCTURES

TOURISME CULTUREL

TOURISME BLEU

TOURISME VERT

TOURISME MONTAGNARD

Les nouveaux espaces balnéaires

L'incroyable expansion du tourisme balnéaire depuis l'immédiat avant-guerre s'est traduite par une prise de conscience qui a suscité des programmes concertés et des lois de protection des côtes.

Une demande impressionnante

À partir des années 30, l'automobile supplante le rail et, au même titre que les lois sociales sur les congés payés, favorise un tourisme balnéaire de masse. En 1936, 3 millions de vacanciers fréquentent le littoral, ce qui paraît alors énorme. Mais, en 1978, ils sont 16 millions et en 1995 plus de 30 millions. Ce nombre devrait doubler dans les vingt ans à venir. Sur un espace littoral qui occupe 4 % du territoire, les indices de fréquentation sont spectaculaires : 317 vacanciers pour 100 habitants permanents en Languedoc-Roussillon, 291 sur le littoral atlantique, 192 en Bretagne. Dans ces conditions d'occupation et de congestion, une grande fièvre de constructions et d'aménagements s'est développée.

L'expansion des stations traditionnelles

☐ Les excroissances résidentielles se font en rubans linéaires, le long du rivage, jusqu'à créer de tristes « murs de béton », ou en tache d'huile autour de l'ancienne station, par cercles concentriques. Ainsi, en Vendée, Saint-Hilaire-de-Riez, bourg de 6 000 habitants, connaît tour à tour la ruée des colonies de vacances et la multiplication des campings, la construction de grands ensembles immobiliers à partir de 1968 et de résidences secondaires à partir de 1978.

☐ Les remodelages sont des opérations d'urbanisme qui visent à transformer les noyaux anciens (La Chaume, aux Sables-d'Olonne) ou à favoriser des constructions d'immeubles pour remplacer les villas (Arcachon).

☐ De nouveaux équipements, dont des piscines, de nouveaux casinos, des centres de congrès et des centres sportifs, sont partout créés. On creuse et on aménage également près de 400 ports de plaisance (20 000 bateaux en 1950, 750 000 aujourd'hui). Les marinas, ensembles immobiliers, combinent les habitations, les structures d'accueil et un port de plaisance. Elles sont réalisées à proximité d'une station existante, comme Port-Deauville (bassins et quais flottants, hôtellerie, résidences) ou Marina-baie-des-Anges (gigantesques pyramides près de Villeneuve-Loubet).

Les grands programmes régionaux

☐ Il existe une volonté planificatrice, qui se traduit par des programmes, nés, entre 1960 et 1970, de l'inquiétude causée par des investissements anarchiques, nés aussi de la volonté de protéger les espaces côtiers et de la nécessité de répondre à une demande massive. Les plans ont associé les organismes nationaux (Délégation à l'Aménagement du territoire, missions interministérielles d'Aménagement), les régions, les départements et les communes concernés, ainsi que des opérateurs privés (promoteurs, constructeurs, gestionnaires).

☐ Deux grands programmes ont vu le jour : à partir de 1963, sur 200 km de côtes, sept nouvelles stations ont été créées en Languedoc-Roussillon. Un second schéma d'ensemble concerne la côte aquitaine.

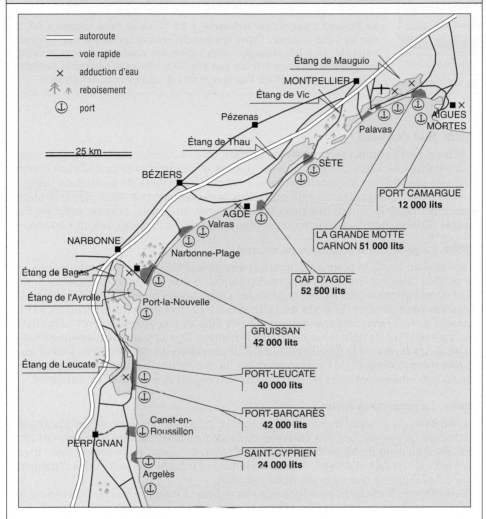

autoroute

voie rapide

× adduction d'eau

🌲 reboisement

⚓ port

25 km

Étang de Mauguio

Étang de Vic

MONTPELLIER

Pézenas

Étang de Thau

BÉZIERS

SÈTE

Palavas

AIGUES MORTES

PORT CAMARGUE
12 000 lits

AGDE
Valras

Narbonne-Plage

NARBONNE

Étang de Bages

Étang de l'Ayrolle

Port-la-Nouvelle

LA GRANDE MOTTE
CARNON **51 000 lits**

CAP D'AGDE
52 500 lits

GRUISSAN
42 000 lits

Étang de Leucate

PORT-LEUCATE
40 000 lits

PORT-BARCARÈS
42 000 lits

Canet-en-
Roussillon

PERPIGNAN

SAINT-CYPRIEN
24 000 lits

Argelès

■ La côte du Languedoc-Roussillon

L'aménagement de ce littoral maréca-geux, non boisé et d'accès difficile, a été conduit selon quatre grands objectifs :

— Maîtrise foncière par achats à l'amiable, exercice du droit de préemption ou expro-priation.

— Grands travaux d'infrastructure finan-cés sur les fonds publics : dragages, assainissement, démoustication, reboi-sement, maillage des routes, des auto-routes et des voies, etc.

— Création de stations *ex nihilo*, mais proches de centres déjà existants. Elles allient « marinas pieds dans l'eau » (port, équipements, logements) et secteurs d'hébergement privatif.

— Préservation d'espaces naturels litto-raux inconstructibles entre les stations.

ÉCONOMIE

INFRASTRUCTURES

TOURISME CULTUREL

TOURISME BLEU

TOURISME VERT

TOURISME MONTAGNARD

La protection des rivages

Le littoral français est urbanisé à 65 %, et ce taux monte à 90 % sur la Côte d'Azur. Dans les conditions actuelles d'occupation estivale, le « bétonnage » des côtes, les aménagements lourds, les pollutions engendrées par les 30 millions d'estivants demeurent menaçants. D'où l'urgence des mesures conservatoires.

État des lieux

Le littoral reste soumis aux possibles tentations des promoteurs, des nombreuses municipalités séduites par des profits rapides et des particuliers désirant investir dans des placements immobiliers. Très souvent, les projets de golfs et de ports de plaisance sont des prétextes à de nouvelles occupations, par exemple en Bretagne et au Pays Basque. Enfin, des projets de stations intégrées, comme celui de Cap-Esterel (210 ha, hôtels, appartements, équipements nautiques), refont surface.

La protection juridique commune

□ Sur le plan local, le plan d'occupation des sols (POS) d'une commune peut préserver des sites côtiers, des ports traditionnels. Il doit intégrer les espaces bénéficiant de protections plus fortes, comme les sites classés ou les ZPPAUP (voir p. 40).
□ Sur un plan général, le code de l'Urbanisme (accès libre au littoral) et le Plan national pour l'environnement donnent aux élus et aux responsables administratifs la possibilité de préserver les zones littorales. Des organismes, comme l'Office national des forêts ou le Réseau national d'observation du milieu marin, jouent aussi un rôle dans le respect de l'environnement, la prévention des incendies (côte aquitaine), le contrôle des eaux de baignade et le respect des normes de salubrité.

La protection forte

□ L'expérience prouve que le droit commun ne suffit pas à protéger les rivages marins ou lacustres. Les lois peuvent être contournées ou tout simplement ignorées. Face au droit de propriété, le droit de l'environnement reste impuissant : le premier est « inviolable et sacré » ! Il importait donc d'édicter des lois et des règlements plus contraignants que ceux du droit commun.
□ Des espaces fortement protégés ont été définis. Ce sont les sites classés ou inscrits (loi de 1930), comme le Mont-Saint-Michel et sa baie, les réserves naturelles (loi de 1976) comme la dune Marchand à Zuydcoote, le parc naturel national de Port-Cros (flore méditerranéenne et marine) et celui de la Guadeloupe (loi de 1960), les parcs naturels régionaux (loi de 1967) dont sept concernent le littoral : Nord-Pas-de-Calais (côtes, Boulonnais, marais audomarois), Armorique, Brière (zone de marais), Marais poitevin, Landes de Gascogne, Camargue, Corse, Martinique.
□ La loi de 1975 permet la création du Conservatoire de l'espace littoral et des rivages lacustres, chargé d'acheter un maximum de terrains menacés.
□ La loi de 1986 sur l'aménagement et la protection du littoral, qui s'applique aussi aux deltas, aux estuaires, aux plans d'eau, contient cinq règles fondamentales : interdiction de construire à moins de 100 m du rivage, accès libre de tous à celui-ci, obligation de bâtir en continuité des agglomérations existantes, interdiction des routes littorales (minimum : 2 km du rivage), droit de regard des préfets sur les POS.

LE CONSERVATOIRE DE L'ESPACE LITTORAL

■ La protection du bassin d'Arcachon

Malgré une forte urbanisation, les rivages du bassin d'Arcachon conservent beaucoup de charme grâce à la végétation luxuriante, aux forêts, aux ports ostréicoles, à la beauté des paysages marins. La prise de conscience des menaces de bétonisation et de ruptures écologiques (fréquentation balnéaire, plaisance) a conduit à des mesures de protection forte : création de deux réserves, de sites protégés, d'un parc naturel régional, participation du Conservatoire de l'espace littoral à l'achat et aux travaux de remise en valeur du domaine piscicole de Certes et de la presqu'île cap Ferret.

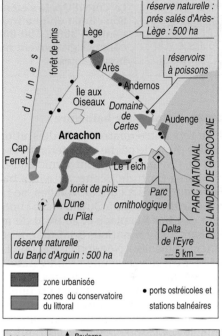

zone urbanisée

zones du conservatoire du littoral

● ports ostréicoles et stations balnéaires

■ La protection de la Côte d'Opale

La côte la plus septentrionale de France, qui s'étend de la baie de Somme à la Belgique, est désormais très bien préservée grâce aux achats du Conservatoire de l'espace littoral (25 % du linéaire littoral). Acquisition et gestion associent plusieurs partenaires : le Conservatoire, les trois départements et les communes concernées, la communauté urbaine de Dunkerque et les associations.

Rôle du Conservatoire de l'espace littoral

Créé en 1975, cet établissement public et administratif peut acheter des terrains pour sauvegarder l'espace littoral.
Le financement est assuré par l'État et, de plus en plus, par les collectivités locales et le secteur privé. 42 000 ha correspondant à 300 sites ont déjà été acquis, ce qui représente près de 600 km de côtes (7,6 % du total). La profondeur des sites varie de quelques centaines de mètres à 10 km (zones de dunes).

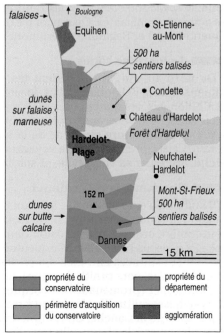

propriété du conservatoire

périmètre d'acquisition du conservatoire

propriété du département

agglomération

ÉCONOMIE

INFRASTRUCTURES

TOURISME CULTUREL

TOURISME BLEU

TOURISME VERT

TOURISME MONTAGNARD

La Côte d'Opale

La Côte d'Opale s'étend des dunes flamandes à la baie de Somme. Son climat un peu frais explique une modeste fréquentation balnéaire : 300 à 500 000 touristes seulement. Pourtant, les sites côtiers sont souvent remarquables et les potentialités touristiques importantes.

Le tourisme balnéaire

☐ On rencontre quatre types de stations. Les petites stations balnéaires greffées sur des ports de pêche caractérisent la baie de Somme : Saint Valery-sur-Somme, Le Crotoy, Cayeux. Elles sont binucléaires (quartier des pêcheurs, lotissements) et bipolaires (port de pêche, activités balnéaires). Les stations comme Wissant ou Wimereux, nées à côté de villages, se rattachent au modèle anglais qui s'est développé de Bray-Dunes à Quend-Plage : une route qui part de la gare ou d'un village intérieur conduit à la plage et au front de mer, derrière lequel se constituent des lotissements. Ces formations sont mono- ou binucléaires et unipolaires (activité strictement balnéaire). Née sous le Second Empire à partir d'un hôpital maritime, Berck-sur-Mer est devenue une grande station polynucléaire et multipolaire : traitement des maladies osseuses et des accidents, activités balnéaires, manifestations culturelles et sportives. Le Touquet est une station internationale *ex nihilo*, lotie de 1882 à 1903, qui offre de multiples possibilités (voir p. 101).

☐ Au nombre des activités balnéaires, on compte la baignade, la voile, le char à voile, le *speed-sail* ; le golf et les randonnées sur les sentiers côtiers sont toutefois les activités dominantes. On rencontre deux parcs de loisirs : l'Aquaclub-côte picarde (Quend-Plage) et Bagatelle (Merlimont).

Le tourisme côtier

☐ Du nord au sud, se succèdent les cordons de dunes et les plages de sable immenses de la Belgique à Calais, le site des caps Blanc-Nez et Gris-Nez, les falaises du Boulonnais, les dunes et les plages jusqu'à la baie de Somme.

☐ La visite de trois grands ports s'impose. Dunkerque offre ses installations portuaires, l'architecture moderne de la ville et le remarquable musée d'art contemporain, Calais, premier port de voyageurs, est très animé, Boulogne, premier port de pêche, attire par sa vieille ville et son fameux Centre de la mer, Nausicaa.

Tourismes vert et culturel

☐ Il suffit de s'enfoncer jusqu'à 30 km dans l'arrière-pays pour découvrir, du nord au sud : la Flandre maritime, polder quadrillé de fossés rectilignes, le Boulonnais, boutonnière creusée par l'érosion dans la craie de l'Artois (paysages accidentés, bocage, maisons rurales), le Marquenterre, ensemble de plaines alluviales conquises sur la mer et situées entre les dunes du cordon littoral et les falaises mortes (prés salés, cultures, parc ornithologique). Le parc naturel régional couvre l'ancien golfe de Saint-Omer (promenades en barque : découverte du marais).

☐ La richesse culturelle s'exprime à travers les villes d'art des Flandres, les vallées culturelles de la Canche, de l'Authie et de la Somme : paysages, villages aux maisons blanchies à la chaux, villes et villages d'art, abbayes et châteaux.

PLAGES, DUNES ET RICHESSES DE LA FAUNE

■ La Côte d'Opale

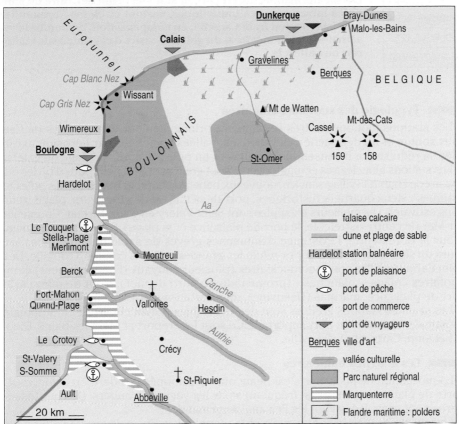

Eurotunnel · Dunkerque · Bray-Dunes · Malo-les-Bains · Calais · Gravelines · Berques · BELGIQUE · Cap Blanc Nez · Wissant · Cap Gris Nez · Mt de Watten · Wimereux · Cassel · Mt-des-Cats · Boulogne · St-Omer · 159 · 158 · BOULONNAIS · Hardelot · Aa · Le Touquet · Stella-Plage · Merlimont · Montreuil · Berck · Canche · Fort-Mahon · Quend-Plage · Valloires · Hesdin · Authie · Le Crotoy · Crécy · St-Valery S-Somme · St-Riquier · Ault · Abbeville · 20 km

- ━ falaise calcaire
- ━ dune et plage de sable
- Hardelot station balnéaire
- port de plaisance
- port de pêche
- port de commerce
- port de voyageurs
- Berques ville d'art
- vallée culturelle
- Parc naturel régional
- Marquenterre
- Flandre maritime : polders

■ Le cap Gris-Nez

La sauvage et majestueuse falaise du cap Gris-Nez constitue le rebord du plateau d'Artois. Elle est faite de différentes strates du jurassique : à la base, des argiles et des calcaires, au sommet, des sables et des grès. Ici, la Manche est étroite et l'on distingue les falaises anglaises. Des sentiers de découverte permettent des observations géologiques (failles, fossiles) et floristiques (pelouse rase, arbustes). À l'époque des migrations, le Gris-Nez devient un haut lieu ornithologique.

■ La baie de Somme

70 km² alternativement couverts et découverts par la marée, la mer à 12 km de Saint-Valery les jours d'équinoxe, telle est la baie de Somme. On y distingue les slikkes (vasières) sillonnées de chenaux, et les schorres herbus (salicornes au contact des slikkes). Les attraits touristiques sont nombreux : on peut observer 350 espèces d'oiseaux, pêcher à pied à marée basse, visiter le port et la ville haute fortifiée de Saint-Valery-sur-Somme, admirer les chalutiers du Crotoy, emprunter le petit train de la baie de Somme.

ÉCONOMIE
INFRASTRUCTURES
TOURISME CULTUREL
TOURISME BLEU
TOURISME VERT
TOURISME MONTAGNARD

La côte normande

La côte normande, du Tréport au Mont-Saint-Michel, offre de multiples infrastructures touristiques, surtout en Basse-Normandie. Le climat un peu frais a suscité, en compensation, de nombreuses activités parabalnéaires, du golf à la visite des grands sites naturels ou culturels.

Typologie des stations balnéaires

☐ Les stations mononucléaires se trouvent principalement dans le pays de Caux. Elles sont nées au débouché des valleuses, vallées tranchées par l'érosion marine. Elles se réduisent à un ensemble de villas et un pôle attractif : la plage de galets.
☐ Les stations binucléaires et multipolaires sont greffées sur un petit port, d'où les deux noyaux de l'habitat (village ancien, nouveaux hébergements) et la variété des pôles touristiques : vieux quartiers historiques, port de pêche ou de voyageurs, plage, animations estivales. Les meilleurs exemples sont Saint-Valery-en-Caux, Étretat, Courseulles-sur-Mer (le centre ostréicole, le port de plaisance et la plage), Saint-Vaast-la-Hougue.
☐ Sur la Côte fleurie, l'existence d'immenses grèves de sable fin a incité les lotisseurs du siècle dernier à créer *ex nihilo* les grandes stations comme Trouville, Deauville, Cabourg. Elles sont polynucléaires (plusieurs noyaux d'hébergement) et multipolaires : plage, « planches » (promenade du bord de mer), front de mer, casino, port de plaisance, marinas (Deauville), manifestations prestigieuses.
☐ Les grandes stations greffées sont des ensembles polynucléaires et multipolaires constitués à partir d'un port important. Ce sont Le Tréport et Mers-les-Bains, Dieppe et Fécamp, Carteret et Granville.

Les activités balnéaires

☐ La navigation de plaisance s'est beaucoup développée ces dernières années. Les ports de plaisance sont aussi fréquentés par les yachts étrangers. Des petites croisières sont organisées vers les îles anglo-normandes.
☐ Les sports pratiqués sont la voile et la planche à voile, mais aussi le char à voile et le char sur roulettes qui bénéficient du climat venteux. Le retrait de la mer sur de grands espaces favorise la pêche à pied. Il y a aussi beaucoup de golfs.

Sites et tourisme culturel

☐ Les falaises du pays de Caux offrent des sites impressionnants dont Étretat est l'exemple le plus célèbre. Les lieux les plus fréquentés sont la Côte fleurie et le Cotentin granitique (baies désertes, ports minuscules, caps déchiquetés).
☐ L'arrière-pays immédiat offre ses maisons, ses pigeonniers, ses villages, son bocage typiques de la Normandie, d'où la possibilité de combiner des circuits mixtes de la côte vers l'intérieur et les deux parcs naturels régionaux.
☐ Le tourisme culturel est très développé. Les grands ports sont des villes d'art et la Seine est une vallée culturelle (voir p. 64). Trois pôles culturels remarquables attirent les touristes français et étrangers : Honfleur, avec son vieux port, ses quartiers anciens, ses riches musées ; Bayeux où l'on admire la tapisserie de la Reine Mathilde ; le Mont-Saint-Michel romano-gothique. Avec les plages du Débarquement et le mémorial de Caen, le tourisme historique occupe une place primordiale.

VERTES PRAIRIES ET GRÈVES SANS FIN

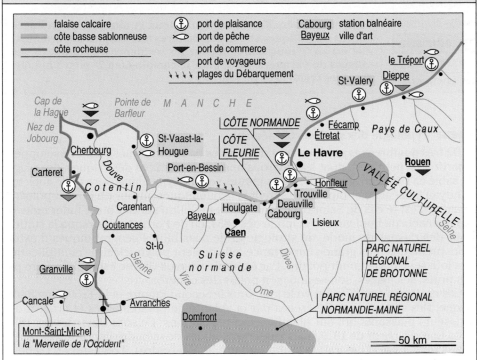

Légende :
- falaise calcaire
- côte basse sablonneuse
- côte rocheuse
- ⓕ port de plaisance
- ⤳ port de pêche
- ▼ port de commerce
- ▼ port de voyageurs
- ↓↓↓↓ plages du Débarquement
- Cabourg station balnéaire
- Bayeux ville d'art

Cap de la Hague · Nez de Jobourg · Pointe de Barfleur · M A N C H E · le Tréport · St-Valery · Dieppe · CÔTE NORMANDE · Fécamp · Étretat · Pays de Caux · Cherbourg · St-Vaast-la-Hougue · CÔTE FLEURIE · Le Havre · Rouen · Carteret · Cotentin · Port-en-Bessin · Honfleur · Trouville · Deauville · Cabourg · VALLÉE CULTURELLE · Carentan · Houlgate · Lisieux · Coutances · Bayeux · Caen · PARC NATUREL RÉGIONAL DE BROTONNE · St-lô · Suisse normande · Dives · Orne · Vire · Sienne · Granville · PARC NATUREL RÉGIONAL NORMANDIE-MAINE · Cancale · Avranches · Domfront · Mont-Saint-Michel la "Merveille de l'Occident"

50 km

■ Granville : une station polynucléaire et multipolaire

— *Un espace polynucléaire* : la haute ville fortifiée et ses vieux quartiers s'opposent aux aménagements de la ville basse portuaire et aux lotissements.

— *Un espace multipolaire* : ports de commerce, de pêche, de voyageurs, de plaisance, plages, thalassothérapie, vieux quartiers historiques, aquarium et musées, célèbre carnaval, essaimages balnéaires de Saint-Pair-sur-Mer (3,5 km au sud) et Donville-les-Bains.

■ Les îles Chausey

Cet archipel granitique, but d'excursion depuis Granville, compte plus de cinquante îles et îlots. On visite la grande île de 2 km de long pour ses plages, ses curieux rochers, ses forts et sa chapelle aux vitraux modernes.

■ Le Mont-Saint-Michel

— *Un site naturel extraordinaire* : cet îlot granitique, relié à la terre par une digue, domine la baie et ses immenses bancs de sable à marée haute.

— *Un lieu protégé* : la baie est un site classé et l'abbaye un monument historique classé, le plus visité de France avec 900 000 entrées. Mieux, la baie et les bâtiments de l'îlot sont inscrits au Patrimoine mondial.

— *Un « isolat culturel » bipolaire* : le grand pôle d'attraction est touristique avec la visite de la vieille cité et, surtout, du cloître et de l'abbaye (styles roman et, pour l'essentiel, gothique). L'héritage religieux du pèlerinage médiéval reste important : la fête de l'archange saint Michel attire des foules ferventes en automne. Le lieu est adapté à un tourisme de passage et de circuit.

ÉCONOMIE

INFRASTRUCTURES

TOURISME CULTUREL

TOURISME BLEU

TOURISME VERT

TOURISME MONTAGNARD

La côte bretonne

La Bretagne bénéficie d'un climat doux et tonique, de paysages marins magnifiques et d'infrastructures touristiques importantes : elle est au 5e rang national pour les résidences secondaires, les villages de vacances, au 4e pour le camping, au 7e pour l'hôtellerie et les résidences de tourisme.

Typologie des stations balnéaires

☐ De très nombreuses stations sont des greffes balnéaires qui se sont développées à partir d'un petit port, dont les environs immédiats offraient des criques, des plages de sable en situation abritée. Les plus petites sont de type binucléaire (ville ancienne et noyau balnéaire) et bipolaire (activités économiques autour du port et pôle balnéaire). C'est le cas de Saint-Briac, Saint-Cast-le-Guildo sur la Côte d'Émeraude, de Ploumanach, du Pouliguen, à la mode dès 1854, ou de Pornichet. Lorsque la station, pour des raisons de mode, de sitologie et de possibilités géographiques d'extension, prend une plus grande importance, elle devient polynucléaire (multiplication des lotissements) et multipolaire. Par exemple : Perros-Guirec est multipolaire par ses ports, ses plages, son casino, son palais des congrès, etc.
☐ Les créations *ex nihilo* ont vu le jour sous le Second Empire et la Troisième République. Des stations ont été créées par la volonté de personnalités et grâce à des lotisseurs puissants qui ont planifié leurs réalisations. Ce sont Dinard, vers 1850, et La Baule, à partir de 1879, mais aussi des stations de moindre importance comme celles de la Côte d'Émeraude (Saint-Lunaire, le Val-André), Trégastel et Trébeurden, Bénodet, à l'entrée de l'Odet.

Les activités balnéaires

De très nombreux ports plaisanciers favorisent la voile, la plaisance, la pêche en mer, les excursions dans les îles ou le golfe du Morbihan. La thalassothérapie est très répandue dans les stations balnéaires les mieux équipées.

Le tourisme côtier

☐ La côte nord est très découpée et bordée d'îles : les caps correspondent au granite, les baies (Mont-Saint-Michel, Saint-Brieuc) aux régions schisteuses en recul et aux régions basses submergées (abers : petits estuaires envahis par la mer). La côte ouest offre ses caps granitiques ou gréseux (Crozon), ses îlots et ses écueils, ou de grandes baies correspondant aux schistes tendres. La côte sud, au climat doux et lumineux, est granitique : le découpage du rivage est dû aux affaissements de la côte.
☐ Les multiples ports de pêche offrent le spectacle de leurs activités et le charme de leurs vieux quartiers.

Autres tourismes

☐ L'arrière-pays et les deux parcs naturels régionaux, très proches de la côte, permettent la découverte d'un habitat rural typique et du bocage breton.
☐ Les circuits historiques (par exemple la route Chateaubriand), la préhistoire autour de Carnac, les enclos paroissiaux, les musées et les monuments des villes côtières, de Saint-Malo à Nantes, rendent le tourisme culturel actif.

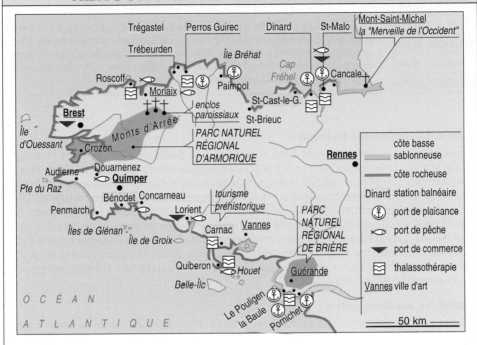

■ Dinard, station ex *nihilo*

Dinard n'était qu'un minuscule port de pêche lorsque Coppinger, un riche Américain, et des Anglais y créèrent une station balnéaire, vers 1850.

Le site, à l'embouchure de la Rance, offre trois plages abritées. Le plan de la ville en tient compte : digue-promenade du « Clair de Lune » face à Saint-Malo, front de mer circulaire derrière la plage de l'Écluse, accès à la mer nombreux.

Dinard reste une station de luxe. Belles villas, parcs, casino et palais des congrès la rendent multipolaire.

■ L'île d'Ouessant

Ouessant, l'île des naufrages et des mystères, est d'une envoûtante sauvagerie : pas d'arbres, une herbe rase pour des moutons noirs, des murets de protection des champs, des côtes de granite déchiquetées.

Il n'y a guère, les femmes s'y livraient à l'agriculture et les hommes naviguaient dans la marine marchande. Aujourd'hui, ces pratiques sont révolues, seul le tourisme peut maintenir la vie et les activités. Malgré des hébergements modestes, nombre d'excursionnistes viennent contempler les paysages marins, parcourir l'île à pied, visiter les phares du Stiff (panorama) et de Créach (musée des Phares et Balises), les antennes de l'éco-musée du parc naturel régional d'Armorique (maisons traditionnelles, mobilier, outillage, géologie de l'île) et le village de Lampaul aux vieilles maisons aux volets bleus ou verts. Le tourisme à Ouessant est donc bleu, vert, sportif ou culturel. Le trajet en bateau, depuis Brest, permet d'admirer le fameux goulet de ce port, la pointe de Saint-Mathieu, les écueils des Pierres noires et des Pierres vertes, les îles Béniguet et Molène.

ÉCONOMIE

INFRASTRUCTURES

TOURISME CULTUREL

TOURISME BLEU

TOURISME VERT

TOURISME MONTAGNARD

De la Loire à la Gironde.

De l'estuaire de la Loire à celui de la Gironde, la côte bénéficie d'un bon ensoleillement et d'une grande douceur climatique. Une géologie complexe et le jeu des courants donnent à ces rivages une belle variété, des plages immenses aux anses entre les falaises, des polders et des marais aux îles.

■■■■ La dominante balnéaire

☐ Les stations balnéaires sont bien équipées. Les Sables-d'Olonne sont l'exemple d'une station polynucléaire, car il y a plusieurs quartiers résidentiels. Elle est multipolaire par son port de pêche, son port de plaisance, son casino, son front de mer, son immense plage, son musée d'art moderne, et ses festivals. Royan, rasée en 1945, fut reconstruite selon un plan d'urbanisme qui a dégagé de belles perspectives. Elle bénéficie d'un site enviable avec ses conches aux plages de sable entre les dunes ou les falaises. Les stations de la côte vendéenne ont connu une énorme expansion.

☐ La vie balnéaire est intense. On pratique la voile et la plaisance (ports équipés), la croisière d'île en île, la pêche à pied (la marée découvre des slikkes immenses), le ski nautique et la baignade.

■■■■ Le tourisme côtier

☐ La diversité des paysages marins est grande. Curieuses côtes où la terre avance partout. La Loire, la Garonne et les rivières côtières apportent des alluvions que les courants marins transportent vers les golfes et les baies : le Marais breton et le Marais poitevin sont d'anciens golfes. Selon les couches de terrains, alternent des plages sableuses basses, des côtes rocheuses (Pornic, corniche vendéenne), des falaises calcaires (îles, Gironde).

☐ La vie maritime est active : ports de pêche, port de commerce de La Rochelle, marais salants (il en reste à Noirmoutier, Ré et dans le Marais breton), ostréiculture à Marennes et Noirmoutier, mytiliculture, ou élevage des moules.

☐ Les îles offrent la même variété que les côtes auxquelles, parfois, elles tendent à se rattacher (Noirmoutier). Yeu est granitique. Noirmoutier et Ré offrent des alternances de marais, de polders, de dunes ou de falaises. Oléron est polyvalente : grandes plages, port de pêche, aquaculture, ostréiculture, cultures, vignes.

■■■■ Le tourisme vert et culturel

☐ Le Marais breton vendéen est quadrillé de fossés et de canaux. Dans ce paysage hollandais émergent les bourrines aux murs de terre et aux toits de chaume. Ancien golfe marin, le Marais poitevin est voué aux pâturages et aux cultures. On le visite en barque.

☐ Au cœur des marais charentais, l'ancien port de mer envasé de Brouage et la cité classique de Rochefort offrent leur architecture militaire, leurs musées et leur nostalgie.

☐ D'Angoulême à la mer, les églises romanes de Saintonge, les trésors artistiques de Saintes et de La Rochelle, les vignobles de Cognac sont propices au tourisme culturel.

PAYS DE DOUCEUR

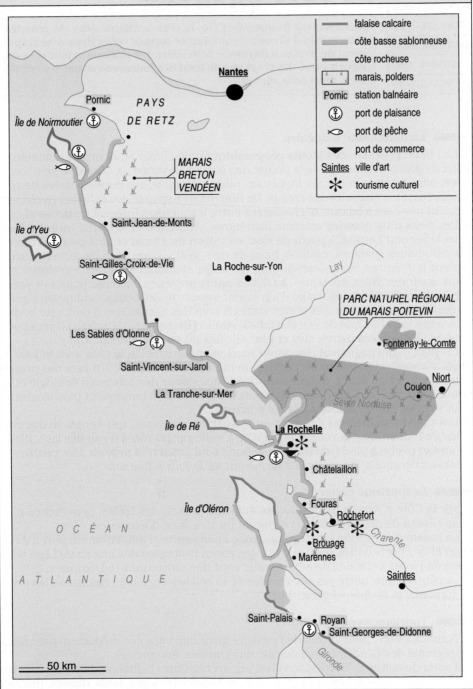

Légende :
- falaise calcaire
- côte basse sablonneuse
- côte rocheuse
- marais, polders
- Pornic : station balnéaire
- ⚓ port de plaisance
- 🐟 port de pêche
- ▼ port de commerce
- Saintes : ville d'art
- ✳ tourisme culturel

Nantes

Pornic

PAYS DE RETZ

Île de Noirmoutier

MARAIS BRETON VENDÉEN

Île d'Yeu

Saint-Jean-de-Monts

Saint-Gilles-Croix-de-Vie

La Roche-sur-Yon

Lay

PARC NATUREL RÉGIONAL DU MARAIS POITEVIN

Fontenay-le-Comte

Les Sables d'Olonne

Niort

Coulon

Saint-Vincent-sur-Jarol

La Tranche-sur-Mer

Sèvre Niortaise

Île de Ré

La Rochelle

Châtelaillon

Île d'Oléron

Fouras

Rochefort

OCÉAN

Charente

Brouage

Marennes

ATLANTIQUE

Saintes

Saint-Palais

Royan

Saint-Georges-de-Didonne

Gironde

50 km

ÉCONOMIE
INFRASTRUCTURES
TOURISME CULTUREL
TOURISME BLEU
TOURISME VERT
TOURISME MONTAGNARD

La côte aquitaine

Massivement fréquentée l'été, la côte aquitaine offre de grandes possibilités d'accueil : camping et formes collectives d'hébergement de Soulac à Bayonne, hôtellerie des stations urbanisées du Pays basque. En vingt ans, le total des journées-vacances a crû de 65 % dans cette région.

La dominante balnéaire

☐ La région présente des atouts géographiques : le climat aquitain est lumineux et doux de juin à octobre et, de la pointe de Grave à Bayonne, la Côte d'Argent, rectiligne, offre au promeneur ses immenses plages de sable, ses dunes boisées de pins maritimes, et le chapelet des étangs. De Biarritz à l'Espagne, les schistes pyrénéens forment une côte à falaises déchiquetées entre lesquelles s'insèrent de belles plages.
☐ Les deux plus grandes stations balnéaires, Arcachon et Biarritz, furent créées sous le Second Empire, à partir de rien, en raison du climat et plus pour les festivités mondaines (palaces, casinos, front de mer, golf…) que pour les activités strictement balnéaires. Saint-Jean-de-Luz, Hendaye et Anglet sont des « greffes » balnéaires sur des villes existantes, facilitées par la présence de belles plages de sable. Sur la Côte d'Argent, les trains d'agrément venus de Bordeaux expliquent l'essor de Soulac et de Lacanau. Les autres stations sont des essaimages à partir de bourgs intérieurs installés loin de l'Océan inhospitalier (Biscarosse, Mimizan). Un cas particulier : les villages ostréicoles et touristiques du bassin d'Arcachon.
☐ Un plan d'aménagement des zones marine et lacustre de la côte a vu le jour en 1966. D'abord respectueux de l'environnement, il a évolué en 1970 vers des projets soumis à la loi du profit, qui ont été abandonnés pour des raisons d'écologie et de choix politique. On s'est contenté depuis d'objectifs d'hébergement plus modestes et des règles conservatoires ont été édictées.
☐ Les plaisirs balnéaires comportent le surfing, en vogue, qui bénéficie des rouleaux de l'Atlantique, la voile et la planche à voile sur les plans d'eau des lacs. Pêche en mer et pêche à pied (bassin d'Arcachon) sont aussi très prisées. Des centres de thalassothérapie et de remise en forme ont vu le jour à Biarritz.

Le tourisme côtier

☐ Sur la Côte d'Argent, la beauté des dunes, des lacs, des forêts, la présence d'un beau réseau de pistes cyclables facilitent un tourisme d'excursion.
☐ Le bassin d'Arcachon offre des horizons changeants ; l'animation du port d'Arcachon et des ports ostréicoles, la visite des zones protégées des marais de Lège et du delta de l'Eyre, celle de l'île-aux-Oiseaux sont des attractions touristiques.
☐ La côte basque, outre ses sites marins et sa célèbre corniche, comprend les ports de Bayonne et de Saint-Jean-de-Luz.

Tourismes vert et culturel

☐ Tourisme vert : petits ports de l'estuaire girondin, vignoble médocain, parc naturel régional des Landes (canoë-kayak, randonnées, écomusée).
☐ Tourisme culturel : Bordeaux, ville d'art, architecture balnéaire de style victorien ou composite à Arcachon et Biarritz, culture basque (villages, fêtes, danses, pelote).

CÔTE D'ARGENT ET CORNICHE BASQUE

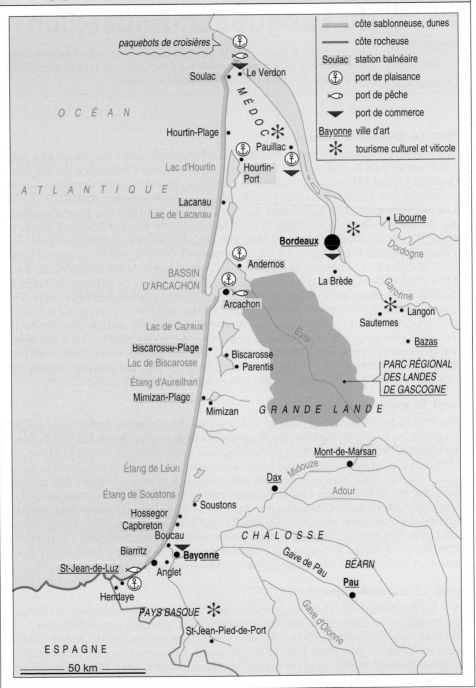

Légende :
- côte sablonneuse, dunes
- côte rocheuse
- Soulac — station balnéaire
- ⚓ port de plaisance
- 🐟 port de pêche
- ▼ port de commerce
- Bayonne — ville d'art
- ✳ tourisme culturel et viticole

paquebots de croisières

OCÉAN
ATLANTIQUE

MÉDOC

Soulac • Le Verdon
Hourtin-Plage
Pauillac
Lac d'Hourtin
Hourtin-Port
Lacanau
Lac de Lacanau
Libourne
Dordogne
Bordeaux ✳
BASSIN D'ARCACHON
Andernos
La Brède
Arcachon
Garonne
Langon
Sauternes
Lac de Cazaux
Bazas
Biscarosse-Plage
Biscarosse
Lac de Biscarosse
Parentis
Eyre
PARC RÉGIONAL DES LANDES DE GASCOGNE
Étang d'Aureilhan
Mimizan-Plage
Mimizan
GRANDE LANDE

Mont-de-Marsan
Étang de Léon
Dax
Midouze
Étang de Soustons
Adour
Soustons
Hossegor
Capbreton
Boucau
CHALOSSE
Biarritz
Bayonne
Gave de Pau
BÉARN
St-Jean-de-Luz
Anglet
Pau
⚓ Hendaye
Gave d'Oloron
PAYS BASQUE ✳
St-Jean-Pied-de-Port

ESPAGNE

50 km

ÉCONOMIE

INFRASTRUCTURES

TOURISME CULTUREL

TOURISME BLEU

TOURISME VERT

TOURISME MONTAGNARD

La côte du Languedoc-Roussillon

De Cerbère à Marseille, la Méditerranée et le soleil attirent des flux touristiques considérables. Cette zone est au premier rang en France pour les infrastructures d'accueil.

La dominante balnéaire

☐ Les stations balnéaires traditionnelles caractérisent la Côte Vermeille. Les petits ports y ont acquis la dimension touristique favorisée par l'existence de criques et de petites plages. Ailleurs subsistent des stations traditionnelles greffées sur des villages (Saintes-Maries-de-la-Mer) ou de petits ports (Palavas, Argelès).

☐ Les nouveaux espaces balnéaires sont nés à partir de 1963. Un plan d'aménagement de 200 km de côte a permis la création *ex nihilo* de sept stations nouvelles (voir p. 103) à vocation strictement touristique : Saint-Cyprien, Port-Barcarès, Port-Leucate, Gruissan, Cap d'Agde, La Grande-Motte et Carnon, Port-Camargue. Celles-ci sont établies sur le cordon littoral, entre un étang et la Méditerranée, elles sont dotées d'un plan d'eau et d'un port de plaisance autour desquels s'élèvent les immeubles, les groupes de villas et les marinas (Port-Leucate, Port-Barcarès, Port-Camargue). Une architecture hardie et moderniste confère son style à chaque station : La Grande-Motte a ses fameuses Pyramides, Gruissan ses chalets sur pilotis, Port-Camargue ses petits immeubles et ses maisons sur des presqu'îles dans le port. Avec le développement des campings, des hôtels, des villas, ces stations sont devenues polynucléaires et la variété de l'offre (plage, voile, golf, navigation de plaisance, pêche, thalassothérapie, palais des congrès) les rend multipolaires.

Le tourisme côtier

☐ Sur la Côte Vermeille, il est difficile au vacancier d'ignorer les petits ports colorés, les caps et les baies, le vignoble de Banyuls qui descend presque jusqu'à la mer.

☐ Le Languedoc offre un paysage spécifique. Les courants marins ont porté et étiré les sables et les graviers du Rhône jusqu'à constituer un cordon littoral continu qui a isolé un chapelet d'étangs. Ils communiquent avec la mer par des « graus » (chenaux naturels »). Quelques pointements rocheux ponctuent le cordon littoral (La Clape, Agde, Mont-Saint-Clair près de Sète). Ces ensembles lacustres favorisent un tourisme d'excursions, par exemple autour de l'étang de Thau.

☐ De La Grande-Motte à Marseille, l'immense plage des Saintes-Maries appartient à la Camargue, delta du Rhône et parc naturel régional. À partir de l'étang de Berre, commence une côte à calanques, ravins étroits envahis par la mer.

Le tourisme culturel

☐ Sur la Côte Vermeille, chaque port offre des monuments historiques et des quartiers anciens. Collioure est la cité des peintres, Port-Vendres une ville active.

☐ Il suffit de s'éloigner de 15 km du littoral languedocien pour découvrir une floraison de cités où dominent l'art gallo-romain, les églises romanes, l'art militaire (Salses, Aigues-Mortes), le style classique (Montpellier, Aix). Marseille offre ses musées, ses quartiers pittoresques, ses monuments, l'activité de son port.

UN AMPHITHÉÂTRE OUVERT SUR LA MER

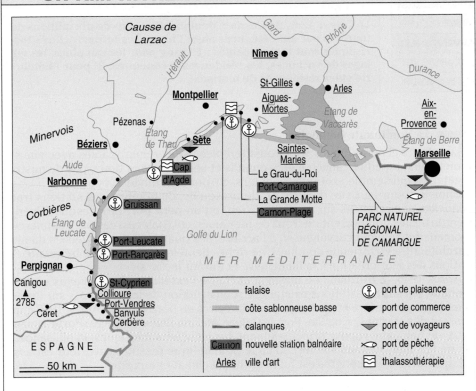

▬▬	falaise	⚓	port de plaisance
▬▬	côte sablonneuse basse	▼	port de commerce
▬▬	calanques	▼	port de voyageurs
Carnon	nouvelle station balnéaire	⟋⟍	port de pêche
Arles	ville d'art	⌇	thalassothérapie

■ La Grande-Motte, station ex *nihilo*

Entre l'étang du Mauguio et la Méditerranée, la Grande-Motte, créée en 1967, est un exemple de station polynucléaire (plusieurs noyaux d'hébergement, dont les Pyramides et les villas de type provençal). Elle est aussi multipolaire puisqu'elle offre une superbe plage de sable fin, des activités nautiques variées, un golf, un palais des congrès. Une vie autochtone s'y est développée grâce à l'installation de 4 000 résidents.

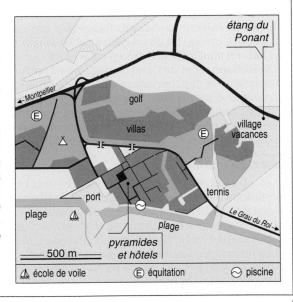

⚓ école de voile	Ⓔ équitation	∾ piscine

ÉCONOMIE

INFRASTRUCTURES

TOURISME CULTUREL

TOURISME BLEU

TOURISME VERT

TOURISME MONTAGNARD

La Côte d'Azur

La Côte d'Azur, de Cassis à Menton, attire plus de dix millions de touristes par an, l'été, mais aussi l'hiver. Les infrastructures touristiques sont remarquables : 1er rang pour les campings, les villages de vacances, les résidences secondaires, 2e pour l'hôtellerie et les résidences de tourisme.

La dominante balnéaire

☐ Les atouts géographiques sont considérables : sites remarquables avec vue sur la mer, climat méditerranéen à étés chauds et secs et hivers doux, pas de mistral, végétation qui semble exotique (palmiers, citronniers, oliviers, cyprès...).
☐ Choisies pour leur site de golfe ou de presqu'île, de nombreuses stations traditionnelles sont greffées sur une ville (Nice) ou un petit port pittoresque (Hyères, Menton). Elles comportent un front de mer aménagé (palaces, casino, commerces, promenade) souvent curviligne et, à l'arrière, des quartiers résidentiels en damier. L'architecture victorienne domine. Une riche clientèle cosmopolite a fréquenté ces stations dès leur création à la fin du XVIIIe et durant le XIXe siècle.
☐ Après 1945, le tourisme de masse a entraîné l'extension de nouveaux espaces touristiques sur des stations existantes : construction de lotissements sur les collines en amphithéâtre et prolongements linéaires en bord de mer. Après 1960 apparaissent des marinas : Cogolin, Port-la-Galère, Marina-Baie-des-Anges, Port-Grimaud.
☐ La vie balnéaire repose principalement sur les sports nautiques, la plaisance, la pêche (en mer ou sous-marine). Mais le pôle ludique (casino, jeux) leur est associé. Le tourisme de congrès est lui aussi lié au climat et aux sites.

Le tourisme d'excursion

☐ Sites et paysages côtiers sont variés. De Cassis à Toulon, la côte calcaire prend la forme de calanques, rias aux flancs très abrupts, de falaises et de petites criques. À l'est de la presqu'île de Giens, les schistes gris des Maures et les porphyres rouges de l'Esterel sont déchiquetés en caps et en rades (Toulon, Saint-Tropez). Les golfes de Saint-Raphaël et de Cannes sont majestueux et la célèbre Riviera de Nice à Menton est faite de caps, de presqu'îles et de golfes. Des routes en corniche favorisent le tourisme d'excursions. La visite de Toulon (port militaire, vieille ville, musées) et celle des petits ports de pêche ponctue les circuits.
☐ Les sites intéressants de l'arrière-pays sont très proches de la côte : le Mont-Faron, les Maures et l'Esterel, les villages perchés de l'arrière-pays niçois.

Le tourisme culturel

☐ Les villes et les villages d'art sont très nombreux. Ce sont les ports sur lesquels les stations balnéaires se sont greffées (Antibes) ou les villages perchés de l'arrière-pays, tels Saint-Paul-de-Vence, Eze ou Peillon.
☐ Les musées d'art moderne se trouvent à Saint-Tropez, Vallauris, Antibes, Biot, Saint-Paul-de-Vence, Nice (Chagall, Matisse), Menton, Villefranche-sur-Mer.
☐ Les fêtes et les festivals sont particulièrement nombreux et célèbres, du Carnaval de Nice au Rallye et au Grand Prix automobiles de Monte-Carlo, du Festival de Cannes (cinéma) à celui de Juan-les-Pins-Antibes (jazz).

TERRE DE LUMIÈRE, TERRE DE SENTEURS

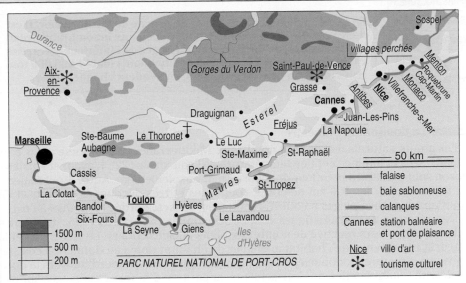

Durance
Aix-en-Provence
Gorges du Verdon
Saint-Paul-de-Vence
Grasse
Cannes
villages perchés
Sospel
Menton
Roquebrune
Cap-Martin
Monaco
Villefranche-s-Mer
Nice
Antibes
Juan-Les-Pins
La Napoule
Draguignan
Esterel
Fréjus
Marseille
Ste-Baume
Aubagne
Le Thoronet
Le Luc
Ste-Maxime
St-Raphaël
Cassis
Port-Grimaud
St-Tropez
La Ciotat
Maures
Toulon
Hyères
Bandol
Six-Fours
La Seyne
Giens
Le Lavandou
Iles d'Hyères

1500 m
500 m
200 m

PARC NATUREL NATIONAL DE PORT-CROS

50 km

- falaise
- baie sablonneuse
- calanques
- Cannes station balnéaire et port de plaisance
- Nice ville d'art
- ✳ tourisme culturel

■ Les marinas

Marina-Baie-des-Anges et Port-Grimaud sont des marinas de la dernière génération. Elles sont à la fois mononucléaires (un seul noyau d'hébergement) et unipolaires (un seul pôle : la vie balnéaire autour du nautisme). Mais leur structure et leur architecture les oppose.

– *Marina-Baie-des-Anges*, près de Villeneuve-Loubet, a été conçue par l'architecte A. Minangoy. Il a construit quatre pyramides géantes de béton avec des terrasses en dégradé et des balcons fleuris. Elles jouxtent une plage, une piscine et un port de plaisance. Boutiques et restaurants créent l'animation estivale.
– *Port-Grimaud*, au fond du golfe de Saint-Tro-

pez, a été conçu par l'architectecte F. Spoerry. À l'emplacement d'une zone marécageuse, au bas du piton de Grimaud est née cette cité lacustre qui ressemble à un village de pêcheurs provençal, avec ses maisons à un ou deux étages, ses ruelles pavées, sa place principale à arcades. La circulation automobile est interdite mais le « bus nautique » assure les navettes.

ÉCONOMIE

INFRASTRUCTURES

TOURISME CULTUREL

TOURISME BLEU

TOURISME VERT

TOURISME MONTAGNARD

La Corse

En Corse, nul point n'est distant de plus de 40 km de la mer. Il est donc possible, sans renoncer pour autant aux innombrables plaisirs balnéaires, de découvrir les paysages de l'intérieur et les sites culturels. La Corse n'a que 260 000 habitants mais 1 600 000 touristes, dont un quart d'étrangers, s'y rendent chaque année.

La dominante balnéaire

☐ Les atouts naturels de l'Île sont nombreux. Méditerranéenne, la Corse a des étés chauds, secs et lumineux et une température de l'eau idéale : 22°. L'avant et l'arrière-saison sont agréables pour leur douceur et leur ensoleillement. Autre atout majeur, dû à l'insularité : les 800 km de côtes, rocheuses et très découpées en caps et en baies aux superbes plages à l'ouest, rectilignes, basses, bordées d'étangs à l'est.

☐ Des infrastructures touristiques se sont développées à partir de 1945 : des greffes balnéaires ont alors réactivé de nombreux petits villages côtiers. Le vieux port et la plage, la coexistence de l'habitat ancien et de l'habitat nouveau donnent à ces stations une structure mononucléaire et unipolaire qui évolue aujourd'hui vers la polynucléarité (multiplication des lotissements, apparition d'hôtels, essaimages sur des plages proches) et la multipolarité (apparition d'un port de plaisance, d'un complexe sportif, d'un pôle ludique). Comme le plan d'aménagement des années 70, avec ses risques de « baléarisation », a été abandonné sous la pression des autochtones, les infrastructures échappent au gigantisme et la côte est rarement bétonnée. L'orientation vers un tourisme social et associatif s'affirme : si la Corse n'occupe que le 15e rang en France pour l'hôtellerie et les résidences secondaires, elle est au 8e rang pour les campings et au 9e pour les résidences de tourisme.

☐ La navigation de plaisance peut s'effectuer soit à partir d'un port de base, soit de port en port. L'équipement est excellent. De plus, la richesse de la faune marine favorise la pêche et la chasse sous-marine.

Le tourisme vert

☐ Le parc naturel régional correspond à la Corse montagneuse du granite et du basalte et couvre les massifs les plus élevés. À l'ouest, il se termine sur le golfe de Porto et sur la réserve naturelle de la presqu'île de Scandola. Forêts somptueuses, lacs d'altitude, sites, hauts sommets, tous sont accessibles par les sentiers de grande randonnée, notamment le GR 20, sentier « entre mer et montagne ». Un réseau de gîtes d'étapes est en place. Le parc naturel régional assure aussi la sauvegarde de l'habitat traditionnel et des monuments, facilite la lutte contre le feu, stoppe l'urbanisation incontrôlée du littoral et permet la rénovation de l'économie rurale.

☐ La ligne de chemin de fer Bastia-Ajaccio, par Corte, fait découvrir des sites et des panoramas surprenants. Elle franchit la chaîne centrale et emprunte 34 viaducs et 12 ponts. Le trajet Calvi-L'Île-Rousse dessert les plages de Balagne.

Le tourisme culturel

La culture corse s'exprime à travers les sites préhistoriques (Filitosa), les fleurons de l'art roman pisan, les églises baroques, les tours génoises et les ensembles fortifiés. La quasi-totalité des villages et des villes offre un grand intérêt culturel à travers les monuments, l'habitat traditionnel et les musées.

L'ÎLE DE TOUTES LES BEAUTÉS

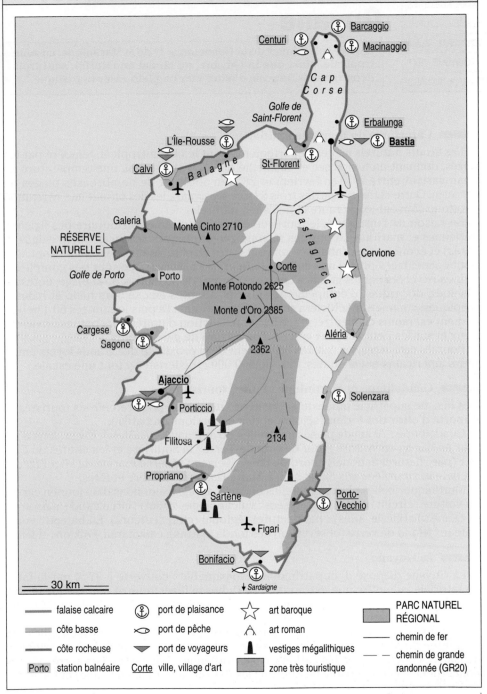

Barcaggio
Centuri
Macinaggio
Cap Corse
Golfe de Saint-Florent
L'Île-Rousse
Erbalunga
Calvi
Balagne
St-Florent
Bastia
Galeria
Castagniccia
RÉSERVE NATURELLE
Monte Cinto 2710
Cervione
Golfe de Porto
Porto
Corte
Monte Rotondo 2625
Monte d'Oro 2385
Cargese
Aléria
Sagono
2362
Ajaccio
Solenzara
Porticcio
Filitosa
2134
Propriano
Sartène
Porto-Vecchio
Figari
Bonifacio
↓ *Sardaigne*

30 km

⎯⎯	falaise calcaire	⚓	port de plaisance	☆	art baroque	PARC NATUREL RÉGIONAL
	côte basse	⤙	port de pêche	⋀	art roman	
⎯⎯	côte rocheuse	▽	port de voyageurs	⬛	vestiges mégalithiques	⎯⎯ chemin de fer
Porto	station balnéaire	Corte	ville, village d'art		zone très touristique	– – chemin de grande randonnée (GR20)

ÉCONOMIE

INFRASTRUCTURES

TOURISME CULTUREL

TOURISME BLEU

TOURISME VERT

TOURISME MONTAGNARD

Guadeloupe, Martinique, Guyane

Les îles volcaniques de la Guadeloupe et de la Martinique, en zone tropicale, ainsi que la Guyane, au climat équatorial, sont trois départements français d'outre-mer en plein essor touristique.

Caractères du tourisme antillais

☐ Les atouts naturels de ces départements sont le climat tropical, tempéré par les alizés, donnant un temps sec et ensoleillé de décembre à mai, une température de l'eau variant entre 24° (en février) et 28° (en août), et de nombreuses plages de sable fin. Outre cette trilogie des trois S (*sun, sea, sand*), les îles offrent une végétation exotique souvent exubérante et des sites naturels.

☐ En raison de l'insularité, le tourisme est obligatoirement tributaire des liaisons aériennes et maritimes. Pour des raisons géographiques (espaces libres exigus et rares) et économiques (abaisser les coûts), les structures d'hébergement sont souvent concentrées près d'un centre urbain et de l'aéroport ; ce sont des complexes balnéaires créés par les grandes chaînes, à moins de 50 mètres de la plage, dotés de piscines, de jardins, d'équipements sportifs, adaptés aux séjours hélio et balnéo-tropiques, comme sur la Riviera sud-guadeloupéenne. Depuis les années 60, l'hébergement est moins concentré, grâce à la construction d'unités plus petites en divers lieux et sur les petites îles et grâce à l'ouverture de gîtes ruraux.

☐ Pour les croisières, les Antilles bénéficient de la proximité des grands foyers émetteurs américains et canadiens. Plus de 600 000 croisiéristes y font une escale.

Guadeloupe et Martinique : l'offre touristique

Ces îles, de superficie modeste, se visitent vite. Aussi, pour retenir les touristes, il importe d'offrir des forfaits-séjours et des excursions en bateau.

☐ Guadeloupe : 70 km de plages naturelles ou aménagées (hôtels). Excursions d'un jour en car ou en voiture : tour de Grande-Terre ; la Soufrière et les chutes du Carbet (parc naturel national) ; nord de Basse-Terre et réserve marine de l'îlet Pigeon. En bateau : journées aux Saintes ou à Marie-Galante. Folklore et fêtes.

☐ Martinique : belles plages naturelles ou aménagées. Excursions d'un jour en car ou en voiture : circuit nord (sites, musées : vulcanologie, rhum) ; circuit sud (maison de la canne, distillerie, sites) ; parc naturel régional (cinq secteurs). En bateau : voile, bateaux à fond de verre (observation des fonds marins), catamaran. Folklore et fêtes.

La Guyane

☐ La Guyane dispose d'un patrimoine remarquable : couverte à 97 % par la forêt équatoriale, elle offre une extraordinaire richesse floristique et faunistique et une incroyable diversité ethnique. Une réserve naturelle a été créée (le Grand Connétable), un parc naturel est en projet.

☐ Un tourisme de nature s'y pratique, qui comporte deux offres essentielles : la remontée du Maroni ou de l'Approuague en pirogue (sites, populations tribales, artisanat, coucher dans des carbets, cases indiennes, baignade). Les autres visites concernent le centre spatial de Kourou ; les îles du Salut (ancien bagne) et Cayenne.

■ Guadeloupe

- Superficie : 1 780 km²
- Population: 422 000 habitants
- À 8 h 30 d'avion de Paris

	Établ.	Lits
Hôtels non classés	51	2 116
Hôtels 0, 1 et 2 étoiles	41	2 356
Hôtels 3 et 4 étoiles	71	12 048
Résidences de tourisme	14	2 434
Meublés	16	199
Gîtes	477	1 908
Villages de vacances	2	172
TOTAL	672	21 233

Source : DRT, Préfectures, Insee (2000).

■ Martinique

- Superficie : 1 100 km²
- Population: 382 000 habitants
- Plan touristique 1990-2000 : 5 zones avec dominantes : Centre (affaires, golfs, marinas) ; Sud (complexes balnéaires) ; Sud-Ouest (parc naturel) ; Nord-Atlantique (culture, gastronomie) ; Nord-Caraïbe (thalassothérapie).

	Établ.	Lits
Hôtellerie	122	12 864
Résidences de tourisme	2	389
Meublés et gîtes	510	1 961
Villages de vacances	3	426
TOTAL	637	15 640

Source : DRT, Préfectures, Insee (2000).

■ Guyane

- Superficie : 91 100 km²
- Population : 157 000 habitants
- Géographie: un plateau intérieur et une étroite plaine côtière ; climat équatorial tempéré par les alizés.

	Établ.	Lits
Hôtellerie	28	2 149
Gîtes, meublés	50	130
TOTAL	78	2 279

Source : DRT, Préfectures, Insee (2000).

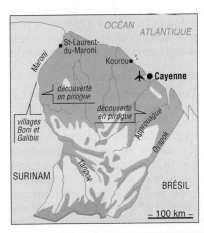

ÉCONOMIE

INFRASTRUCTURES

TOURISME CULTUREL

TOURISME BLEU

TOURISME VERT

TOURISME MONTAGNARD

La France de l'hémisphère Sud

La Réunion, département d'outre-mer, la Nouvelle-Calédonie et les îles polynésiennes, territoires d'outre-mer, connaissent un essor touristique spectaculaire depuis les années 60.

L'île de la Réunion

☐ Parmi les atouts naturels et culturels de l'île, citons le climat tropical maritime, tempéré par les alizés du sud-est. La saison sèche, d'avril à novembre, est la plus favorable au tourisme. L'île est occupée par un massif volcanique (deux volcans, trois cirques) cerné par une étroite plaine côtière. La végétation est riche et variée, les sites marins ou montagneux sont nombreux. Plusieurs ethnies coexistent (créoles, Noirs, Malgaches, Asiatiques) d'où la variété culturelle (fêtes, coutumes).

☐ La Réunion est loin des grands foyers émetteurs d'Europe et d'Amérique, mais elle attire plus de 100 000 touristes par an, auxquels s'ajoutent les 70 000 Réunionnais en vacances. L'infrastructure est bonne : réseau routier de qualité, sentiers de randonnée, hébergement adapté (gîtes d'étape, hôtels des grandes chaînes). Le tourisme se compose de forfaits-séjours et de circuits qui associent la voiture ou le bus et la randonnée pédestre, avec visite des curiosités naturelles et des villes.

La Nouvelle-Calédonie

☐ Ses atouts naturels sont un climat tropical salubre avec une saison sèche, de mai à novembre, très favorable au tourisme, une végétation originale (forêts, cocotiers, acacias, savanes à niaoulis, pâtures à bovins, plantations de café et de vanille), des paysages pittoresques (massif montagneux sédimentaire à intrusions volcaniques, petites plaines de l'Ouest, récif-barrière isolant un immense lagon autour de l'île).

☐ L'offre touristique se décompose ainsi : forfaits-séjours en bungalows ou chambres au Club Méditerranée ou dans les complexes hôteliers du nord-ouest et de Nouméa (plage de l'Anse Vata) ; circuits en voiture de location ou autocar : de Nouméa à Malabou et Poum par la côte ouest (sites, rencontres avec les tribus, plages du nord-ouest), retour à Noumea par la côte est (mission de Ballade, cascades, corniche calédonienne, plages, traversée de la chaîne montagneuse) ; couplages : visite des îles Loyauté voisines, visite de la Nouvelle-Zélande.

La Polynésie

☐ Les cinq archipels de la Polynésie française regroupent 150 îles et une poussière d'îlots. Les atouts naturels sont le climat tropical, les innombrables plages, la végétation luxuriante, les cocotiers, la nature volcanique, les récifs coralliens, les atolls (îles coralliennes en forme d'anneau ou de croissant) comme Rangiroa.

☐ Tahiti est au cœur du tourisme polynésien, grâce à l'aéroport et au port de Papeete. L'exiguïté des îles oriente les choix touristiques : séjours avec activités nautiques et excursions à Tahiti, Moorea, Bora-Bora, Rangiroa, séjours combinés (Tahiti et 2 ou 3 îles), croisières d'île en île. Les aménagements ont connu trois phases : hôtels de luxe des années 60 (Tahiti), hôtels à bungalows des années 80 (Moorea, Bora-Bora), unités de type familial (Tuamotu) gérées par les autochtones.

VOLCANS, ATOLLS ET COCOTIERS

■ La Réunion

- Superficie : 2 510 km².
- Population : 705 000 habitants.
- À 14 h d'avion de Paris.

	Établ.	Lits
Hôtels non classés	20	50
Hôtels 0, 1 et 2 étoiles	33	2 434
Hôtels 3 et 4 étoiles	24	3 920
Résidences de tourisme	3	620
Villages de vacances	2	504
Meublés	300	1 200
Gîtes	146	1 203
Auberges de jeunesse	3	87
TOTAL	531	10 028

Source : DRT, Préfectures, Insee (2001).

■ La Nouvelle-Calédonie

- Situation : archipel composé de la Grande-Terre, des îles Loyauté et de l'île des Pins.
- Superficie : 19 103 km², dont 16 375 km² pour la Grande-Terre.
- Population : 200 200 habitants dont 50 000 à Nouméa. Kanaks (45 %), Européens (40 %), Asiatiques.
- À 22 h 30 d'avion de Paris.

- Hébergement : 63 hôtels (5 100 lits) et 21 gîtes (408 lits).

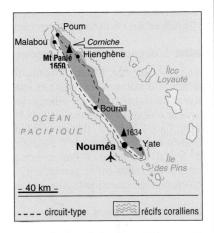

■ La Polynésie

- 4 000 km², dont 1 042 pour Tahiti.
- 224 340 habitants dont 120 000 à Tahiti.
- Tahiti : île volcanique et montagneuse, entourée d'un récif-barrière corallien.

- Hébergement : 47 hôtels (6 714 lits), 125 gîtes (2 000 lits), 29 meublés (408 lits), 5 campings (60 lits).

- Les touristes. De 1 500 touristes en 1960, on est passé à 150 000 aujourd'hui. Les Américains sont les plus nombreux (43 %), suivis par les Français (14 %) et les Australiens (9 %). La majorité choisit un tourisme de destination (Tahiti et 1 ou 2 îles), les autres incluent Tahiti dans un circuit (croisières, avion).

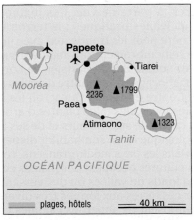

ÉCONOMIE

INFRASTRUCTURES

TOURISME CULTUREL

TOURISME BLEU

TOURISME VERT

TOURISME MONTAGNARD

La France verte

La France verte, c'est la France rurale ou montagnarde des prés, des champs, mais aussi des haies vives, des taillis et des forêts, des landes océaniques ou des garrigues du Sud. Une France de villages et de hameaux où, pour des raisons naturelles, culturelles, historiques, la diversité des paysages est extraordinaire.

La variété des paysages

☐ Mis à part la haute montagne et quelques marais côtiers, la nature sauvage n'existe pas en France : la forêt ou le maquis, le champ de blé ou les alpages sont en fait le résultat d'actions humaines (feu, pâture, reboisement...).

☐ En France, la monotonie paysagère est rare, hormis dans les grandes plaines à blé : on passe très vite d'un paysage à un autre, du pays de Caux calcaire au pays de Bray argileux et bocager, du plateau jurassique (alpages gras et superbes forêts) au Revermont des vignes, puis à la plaine de Bresse. Pour le touriste, ces mosaïques de lignes et de couleurs ont un charme irrésistible.

L'organisation de l'espace rural

Depuis l'Antiquité, les communautés villageoises ont respecté une sorte de trilogie spatiale, du village aux espaces extérieurs, qui reste largement visible aujourd'hui. Autour du hameau ou du village, la zone des jardins et des vergers, où des espèces nouvelles étaient acclimatées, reste très soignée et souvent pittoresque. Au-delà, l'espace de l'« ager », décrit par les agronomes latins, comprend les prairies et les grandes cultures, dont les assolements font varier la disposition. Le « saltus » est une troisième zone, à caractère presque sauvage, occupée par les marais, les rochers, les taillis ou la garrigue et, surtout, les bois. Ainsi, le « saltus » auvergnat est le domaine de la « montagne », avec ses friches, ses ajoncs et ses forêts.

Les paysages agraires

☐ Les campagnes sont des paysages de champs ouverts (*openfield*) sans haies ni clôtures, à perte de vue. Ces juxtapositions de parcelles sont d'abord la marque d'anciennes pratiques : le terroir était divisé en trois soles (blé, orge ou avoine, jachère pour les troupeaux) avec une rotation triennale. Aujourd'hui, les opérations de remembrement ont malheureusement étendu l'*openfield*. Les régions concernées sont le Bassin parisien, la Lorraine et le Poitou.

☐ Le bocage se rencontre dans les pays de l'Ouest (Massif armoricain, Normandie), du Centre et du Sud-Ouest, où les limites des parcelles étaient soulignées par des haies vives, des talus plantés d'arbustes ou des murs de pierres sèches. Le bocage, en raison de ses couleurs et de ses lignes, de sa richesse floristique, de son équilibre écologique et de son habitat dispersé, présente un grand intérêt touristique.

☐ Dans les pays méditerranéens, comme le Roussillon, le Languedoc ou la Provence, les cultures occupent des plaines coupées de haies de cyprès (protection des vents), des fonds de vallées ou des versants aménagés en terrasses pour freiner l'érosion. Sur ces terres aux formes très diverses, les céréales, les oliviers, la vigne, la lavande composent de superbes gammes colorées.

■ La lande bretonne

La lande est une association végétale sans arbres, caractéristique des climats océaniques. Sur des sols en général acides se développent les bruyères, les ajoncs, les genêts et la molinie, une graminée. La lande, mystérieuse ou souriante, offre une symphonie de couleurs et d'odeurs, différentes selon les saisons.

■ La garrigue

La garrigue est une association végétale méditerranéenne caractéristique des sols calcaires. C'est en fait la forme dégradée des forêts de chênes verts et de chênes liège. Chênes kermès, cistes, arbousiers, lentisques, myrtes, thym et lavande caractérisent l'odoriférante garrigue aux teintes crues qui se développe sous le soleil du Midi.

■ Fin des paysages ?

Les paysages de France, patiemment créés durant des siècles, sont aujourd'hui menacés. Des remembrements inconsidérés, rançon du productivisme, ont souvent détruit le bocage et ses haies au profit d'étendues plates livrées aux engrais et aux machines. Le tourisme ne peut qu'en pâtir.

Plus sournois mais aussi inquiétants sont ces phénomènes négatifs : l'enlaidissement des paysages par un réseau de pylônes, de poteaux et de fils, ou la construction de lotissements.

Une politique cohérente de défense des paysages et des sites a heureusement vu le jour à partir de 1975, d'où la création de réserves et de parcs naturels et les actions de sauvegarde conduites par les collectivités, l'État (Conservatoire du littoral), les associations (Conservatoires régionaux d'espaces naturels).

ÉCONOMIE

INFRASTRUCTURES

TOURISME CULTUREL

TOURISME BLEU

TOURISME VERT

TOURISME MONTAGNARD

Les villages

La France des villages, c'est-à-dire des communes de moins de 2 000 habitants, conserve une énorme importance puisqu'elle accueille plus du quart de la population. Vieux villages ou villages en résurrection, précieux pour leur beauté et leurs attraits culturels, ils disent les vicissitudes de l'histoire.

L'habitat rural

☐ L'habitat concentré a pour modèle dominant le village, groupe de maisons dont la majorité des habitants exerce des activités agricoles.

☐ L'habitat dispersé correspond à une commune dont les maisons rurales sont isolées au milieu des champs et des prés. Un hameau, groupe de quelques maisons, ou un petit village en constituent le centre fonctionnel, avec l'église, la mairie, l'école et le marché hebdomadaire. Ces communes archipels sont typiques des pays de bocage tels que la Bretagne, le Centre ou le Limousin (en Corrèze, l'église, l'école, la mairie peuvent être réparties entre les différents hameaux).

Les villages traditionnels

☐ L'organisation structurelle est la suivante : au centre, autour d'une place parfois bordée d'arcades, se trouvent l'église, les bâtiments administratifs et les boutiques. Les rues alentour sont bordées de maisons accolées ou séparées (cas alsacien), dont les bâtiments constituent un bloc ou sont disposés autour d'une cour. Le village traditionnel était pratiquement endogame et autosuffisant.

☐ La forme des villages s'explique surtout par le site : formes triangulaires ou arrondies des villages perchés, villages-rues des pays de labour, villages en longueur ouverts sur la rivière. Alors que les nouvelles constructions s'établissent souvent sur les routes qui partent du village, les formes en étoile se développent.

☐ Le village traditionnel attire par son site et son architecture typique. L'église, l'abbaye, le château, un moulin restauré, une ancienne fabrique, parfois un musée sont des attraits indéniables. Autres valorisations : le marché local, les fêtes folkloriques, peuvent faire fonction d'étape sur un circuit.

Les transformations actuelles

Les anciennes activités villageoises disparaissent et l'exode rural a vidé maints hameaux et maints villages. Toutefois, l'installation de résidents secondaires qui ont restauré des maisons de type citadin ou des fermes, celle d'artisans d'art qui contribuent à l'essor touristique, permettent à certains villages de renaître. C'est souvent le cas en milieu viticole (Château-Chalon dans le Jura), sur le littoral (petits villages-ports) ou en montagne. Le tourisme vert contribue aussi à l'animation avec les hôtels, les gîtes ruraux, le développement des infrastructures sportives et culturelles.

Du village au milieu rurbain

L'extension de modes de vie urbains dans les anciens villages proches des villes, avec une inflation de lotissements, crée une interpénétration de la ville et de la campagne, ou rurbanité. Souvent, ces nouvelles zones développent un rôle paratouristique avec des bases et/ou des parcs de loisirs. En région parisienne, 5 zones naturelles d'équilibre ont été créées pour une meilleure maîtrise de la rurbanité.

LA DIVERSITÉ DES VILLAGES

■ Un village-rue : Saint-Guilhem-le-Désert

Saint-Guilhem est situé dans l'étroite vallée de Verdus, modeste rivière affluent de l'Hérault. Par nécessité géographique, le village s'est développé en longueur. Dans ce lieu retiré (le désert) propice à la méditation, la célèbre abbaye qui possédait un morceau de la Croix du Christ devint un but de pèlerinage, sur la route de Saint-Jacques-de-Compostelle. Aujourd'hui, on y visite l'église abbatiale, le cloître et le petit musée, on flâne dans les rues escarpées bordées de maisons typiques. Saint-Guilhem est aussi un centre de randonnées pédestres sur le plateau calcaire désolé, vers les gorges de l'Hérault et de la Buège, les nombreuses grottes.

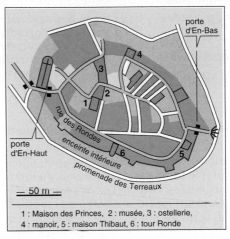

1 : Maison des Princes, 2 : musée, 3 : ostellerie, 4 : manoir, 5 : maison Thibaut, 6 : tour Ronde

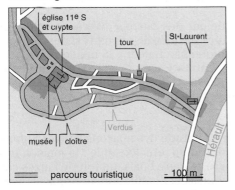

■ Un village en cercle : Pérouges

Décor rêvé pour films de cape et d'épée, Pérouges, qui occupe une colline au sud des Dombes, est un village gothique de plan circulaire construit autour de sa place de la Halle, d'où partent des ruelles étroites. À voir : les nombreuses maisons gothiques ou Renaissance aux toits en surplomb, les portes de ville, l'église Sainte-Marie-Madeleine, le musée du vieux Pérouges.

■ Un site insolite : Roquefort-sur-Soulzon

Roquefort-sur-Soulzon est construit sur les éboulis d'une falaise effondrée. Les caves d'affinage du fameux fromage roquefort occupent des galeries qui correspondent à des anfractuosités entre les blocs. Dans les fleurines, cheminées naturelles, souffle l'air frais et humide qui développe le penicillium, à l'origine des célèbres marbrures bleues du roquefort. Roquefort, c'est aussi la visite du musée (objets de l'âge du bronze), la montée au rocher Saint-Pierre adossé au Combalou (superbe panorama sur le Larzac, le village, le Soulzon), les randonnées sur le plateau.

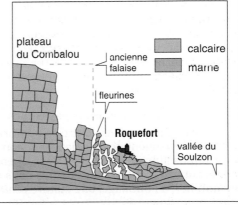

ÉCONOMIE
INFRASTRUCTURES
TOURISME CULTUREL
TOURISME BLEU
TOURISME VERT
TOURISME MONTAGNARD

Les maisons paysannes

> Les innombrables maisons rurales renvoient à une architecture qui se passait d'architectes. Entre la fin du XVIᵉ et l'orée du XXᵉ siècle, on a construit des maisons et des bâtiments d'exploitation selon des modèles régionaux tributaires de l'économie agraire, des matériaux du pays, du climat ou d'usages immémoriaux.

▪▪▪▪ Typologie structurelle des maisons paysannes

☐ Les maisons-blocs regroupent, en une construction unique, le logement et les bâtiments d'exploitation. Certaines, dites maisons-blocs à terre, sont sans étages, par exemple les maisons bretonnes ou lorraines ; d'autres, dites en hauteur, ont un ou deux étages, comme l'*etche* basque ou les maisons corses.

☐ Dans les maisons à bâtiments multiples, le logement et les bâtiments d'exploitation sont des unités distinctes. Dans le système à cour fermée, ces unités, accolées, entourent une cour rectangulaire à laquelle on accède par un porche, par exemple dans les pays céréaliers comme l'Île-de-France, le Berry et le Nord. Dans le système à cour ouverte, la maison d'habitation et les bâtiments d'exploitation, tous indépendants, sont dispersés dans un vaste enclos, par exemple dans les pays d'élevage comme la Normandie ou les pays de polyculture comme le Poitou ou les Landes (l'airial landais, voir p. 61).

☐ Le choix d'un type de structure s'explique par des raisons diverses tenant aux fonctions : la maison-bloc en hauteur du Jura permet de mieux résister au froid (l'étable, proche du logement, lui communique sa chaleur), la maison cévenole intègre sur trois niveaux la grange-étable, l'habitation au premier (escalier extérieur) et la magnanerie pour les vers à soie ; le souci d'un gain de place et la nécessité de surveiller les vers à soie expliquent ce type de concentration.

▪▪▪▪ Variété des styles

☐ Les styles régionaux se définissent par la similitude des maisons rurales : murs, toits, ouvertures, types de bâtiments d'exploitation, etc. Exemple : la maison des Causses se caractérise par des murs de pierre calcaire épais, un toit de lauzes calcaires ; la cave et la remise sont au rez-de-chaussée, l'habitation au premier (avec escalier de pierre extérieur), les pièces sont voûtées, on utilise une citerne (pays sec), la bergerie quadrangulaire est éloignée de la maison.

☐ La diversité des éléments s'explique par les matériaux disponibles dans la région, par le climat (toits pentus des pays de neige, expositions sud ou est pour éviter les vents dominants), les productions (présence d'un cellier, d'une bergerie, d'un pigeonnier, d'un séchoir à châtaignes), et par les traditions ethniques (choix de la structure, ornements, esthétique).

▪▪▪▪ Tourisme et maisons paysannes

Les maisons paysannes sont très nombreuses, et beaucoup, intelligemment restaurées, deviennent des résidences secondaires. Elles font partie du paysage, mais il est impossible de les visiter. Heureusement, des maisons typiques et leurs bâtiments annexes sont parfois intégrés dans un écomusée. Grâce aux reconstitutions, au mobilier, à l'outillage, une culture renaît.

■ La maison-bloc à terre

Cette maison de type celtique abritait gens, animaux, récoltes sous un même toit de chaume.

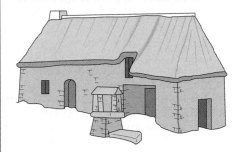

■ La maison-bloc en hauteur

L'*etche* basque comporte trois degrés : le rez-de-chaussée avec la salle commune et la grange-étable attenante ; l'étage avec les chambres ; le grenier.

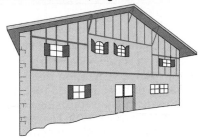

■ Une maison à cour fermée

Voici le plan d'une ferme picarde.

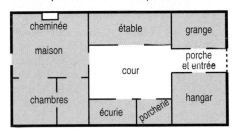

■ Une maison à cour ouverte

Voici le plan d'une ferme du Pays de Caux.

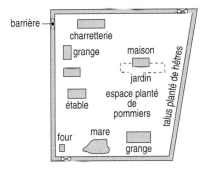

■ Les murs des maisons

Les murs de pierre sont majoritaires dans 80 % des bâtisses. Ils révèlent la géologie du sous-sol et typent les maisons par les procédés d'agencement (moellons, pierres taillées, parfois revêtement de mortier lissé) et les couleurs des pierres. Les matériaux sont le granite (Bretagne, Limousin) ; le basalte (Vivarais) ; les cailloux des torrents et des fleuves (Béarn, Dauphiné) ; le schiste (Anjou noir, Nord de la Corse) ; les pierres calcaires (Causses, Périgord, Provence). La brique apparaît dans les pays d'argile : Flandre, Haut-Languedoc.

Les maisons à colombages présentent des pans de bois limités par des poutres entre lesquelles est appliqué un torchis (argile et paille comprimées). Exemples : Alsace, Normandie, Sologne, Landes.

■ Les toits des maisons

Ils sont tributaires du climat et des coutumes pour la pente, des ressources locales pour les matériaux : chaume (Bretagne) ; roseaux (maisons de gardians en Camargue) ; bardeaux de bois (Jura, Savoie) ; lauzes de schiste ou de calcaire ; ardoises et tuiles, types les plus répandus.

ÉCONOMIE
INFRASTRUCTURES
TOURISME CULTUREL
TOURISME BLEU
TOURISME VERT
TOURISME MONTAGNARD

Le tourisme rural

La tradition de la villégiature campagnarde remonte au XVIIe siècle, mais elle a connu un essor considérable à partir de 1850. Aujourd'hui, le tourisme dit vert, qui s'intéresse aux zones rurales, a pris le relais. Ses infrastructures et ses pratiques, très diversifiées, relèvent d'expérimentations qui ont su échapper à la spéculation.

Les lieux du tourisme vert

Toute région rurale – y compris en moyenne montagne – qui bénéficie d'un climat agréable, d'une végétation riche et/ou typée, de bois et de forêts, de paysages et de villages pittoresques, de réserves et de parcs naturels, de rivières et de plans d'eau, a vocation au tourisme vert. À l'heure actuelle, ce tourisme est très développé dans les régions de l'Ouest et du Centre et dans les zones de moyenne montagne (Jura, Vosges, Massif central).

Les adeptes du tourisme vert

☐ Le tourisme vert occupe une place essentielle et représente 28 % des séjours estivaux et 26 % des séjours hivernaux des Français. Sa diffusion sur de vastes espaces évite toute saturation.

☐ Il existe deux catégories de touristes : une clientèle à faibles revenus, qui conserve des attaches avec le milieu rural et utilise la maison des parents ou des amis, et qui représente 75 % des « touristes verts ». Les autres touristes appartiennent aux catégories aisées (cadres moyens et supérieurs, professions libérales). Les uns et les autres recherchent les activités sportives dans un cadre agréable, de la baignade dans la rivière au tennis, de la pêche à la randonnée et au cyclotourisme. Ils manifestent un vif intérêt pour la culture régionale et ses manifestations : écomusées, parcs naturels, vieux villages, folklore.

Les infrastructures du tourisme vert

☐ Les résidences secondaires représentent 70 % des capacités totales d'hébergement en France et 20 % des maisons rurales habitées ; leur nombre a doublé en vingt ans. Leur capacité d'accueil, énorme (plus de 5 millions de lits), est faiblement utilisée. Une forte demande étrangère caractérise ce secteur. À l'exception des Logis et des Auberges de France, l'hôtellerie rurale, vieillotte, est en déclin (400 000 lits). En revanche, l'hébergement chez l'habitant, sous des formes diverses (tables d'hôtes, fermes-auberges, gîtes ruraux privés ou communaux, gîtes de pêche ou de chasse) est en progrès, avec près de 400 000 lits. Le camping caravaning offre plus d'un million de places, dont 140 000 à la ferme. Enfin, villages de vacances, maisons familiales, centres de vacances pour jeunes totalisent plus de 400 000 lits.

☐ Après une période anarchique, les aménagements sont aujourd'hui mieux coordonnés, notamment grâce au développement des stations vertes de vacances, labellisées à partir d'un équipement minimal (camping, hôtel, piscine, terrain de sports). Depuis 1981, les bases dites touristiques regroupent les anciennes bases rurales et bases de nature (dont le financement relève des collectivités locales, de la commune au département). En 1993, des opérations « pays d'accueil » ont permis à plusieurs communes de répertorier leurs attraits touristiques et de les gérer rationnellement en commun.

LES CHEMINS DE FRANCE

■ Un patrimoine menacé

La France compte 800 000 km de chemins et de sentiers qui correspondent aux anciennes voies de communication utilisées par les ruraux, les colporteurs, les pèlerins de Saint-Jacques-de-Compostelle.

Cet héritage est très menacé par l'exode rural (absence d'entretien), les remembrements (suppressions de sentiers et de chemins) et les travaux lourds (tracteurs, gros engins) mais aussi par les motos prétendues vertes et les 4 x 4.

La conscience écologique, la forte demande des randonneurs (10 à 12 millions sur les chemins de France), le développement du tourisme vert, l'action des bénévoles de la FFRP (Fédération française de randonnée pédestre), celle des collectivités locales alertées permettent toutefois d'entretenir 120 000 km balisés.

■ Randonnées pédestres

Sur les 120 000 km de sentiers et chemins balisés, 60 000 sont des GR (sentiers de grande randonnée) reconnaissables aux marques blanches et rouges qui les balisent. Parmi les plus célèbres, le GR 6 permet de joindre les Alpes et l'Océan, le GR 65 reprend l'ancien itinéraire des pèlerins de Saint-Jacques-de-Compostelle par Le Puy et Conques et le GR 5 relie la Hollande à la Méditerranée par les Alpes. Les GR de pays, balisés en jaune et rouge, permettent la découverte d'une région en un ou deux jours. Ainsi le GR de pays Tour du Pays d'Auge fait connaître cette région vallonnée, célèbre pour ses fromages. Les PR (petite randonnée), balisés généralement en jaune, permettent des randonnées en boucle d'un jour ou d'une demi-journée. Beaucoup de GR et de PR traversent des parcs naturels, ce qui favorise des arrêts de visite de sites, de maisons rurales, d'écomusées. En montagne, les randonneurs peuvent utiliser les refuges ou les fermes-auberges (Vosges).

La FFRP édite une collection de topo-guides. Les comités départementaux ou régionaux de tourisme, les offices de tourisme publient des brochures, des cartes et des guides.

	SENTIER GR	SENTIER GR DE PAYS	SENTIER PR
CONTINUITÉ DU SENTIER			
CHANGEMENT DE DIRECTION			
MAUVAISE DIRECTION			

ÉCONOMIE

INFRASTRUCTURES

TOURISME CULTUREL

TOURISME BLEU

TOURISME VERT

TOURISME MONTAGNARD

Le tourisme sportif

À l'exception des stages intensifs ou des forfaits de chasse, le sport constitue rarement un tourisme spécifique. Cependant, il peut devenir la dominante des tourismes balnéaire (la plaisance, la planche à voile), montagnard (le ski, l'alpinisme) ou vert (la randonnée à pied ou à cheval) ou être l'une de leurs composantes.

▬▬▬ Le tourisme à dominante sportive

☐ Plus de 150 bases de plein air et de loisir (BPAL) ont été créées, au bord de rivières ou de plans d'eau, en zone urbaine, péri-urbaine, ou touristique (classement de 1981) pour une clientèle urbaine ou touristique. Les activités sportives y sont peu encadrées pour éviter certaines dérives (compétition, spécialisation). Elles sont en revanche très variées : baignade, canoë-kayak, voile, aviron, randonnée, tennis, équitation. Les BPAL disposent souvent de vastes espaces verts ou boisés et de quelques hébergements légers. Financées et gérées par les collectivités locales, elles ont un taux de fréquentation élevé, de 10 000 à un million de visiteurs annuels.

☐ Les golfs demandent de grandes surfaces (au moins 50 ha pour les parcours à 18 trous, longs de 5 à 6 km) et sont créés dans le cadre de projets immobiliers de loisir (résidences secondaires, hôtels, aménagements paysagers) ou de parcs de loisirs, comme à Disneyland Paris. L'engouement pour le golf est tel qu'on prévoit de passer des 511 parcours actuels à plus de 1 000 en 2010 (publics et privés).

☐ Les sports d'hiver, avec 50 millions de journées pour les skieurs français et 11 millions pour les skieurs étrangers, soit un chiffre d'affaires de 2,59 milliards d'euros, exigent des infrastructures lourdes et controversées (pollution esthétique, destruction de la montagne), notamment des remontées mécaniques.

☐ La plaisance, tourisme qui allie les sports nautiques, la pêche et les excursions marines, est à l'origine de la création d'innombrables ports de plaisance et de marinas, structures de type mononucléaire (habitat « pieds dans l'eau ») et unipolaire (le tout-nautisme). La demande reste impressionnante : 20 000 bateaux en 1950, plus de 800 000 aujourd'hui.

▬▬▬ Le tourisme à composante sportive

Le tourisme sportif n'est souvent qu'une composante des autres tourismes. Ainsi, une station balnéaire offre des possibilités de planche à voile, de tennis, de golf, etc. En montagne, la randonnée, l'alpinisme et les sports aériens (deltaplane, ULM) sont constitutifs du tourisme d'été. Le cyclotourisme et la randonnée servent le tourisme culturel et beaucoup de séjours intègrent la pêche ou la chasse.

▬▬▬ Le tourisme de spectacle sportif

☐ Le football et le rugby, sports-spectacles fortement médiatisés, attirent des foules d'amateurs et de supporters qui se déplacent pour deux ou trois jours. Le phénomène est donc d'ordre touristique en raison de ses retombées économiques (transports collectifs, avion, hébergement, achats).

☐ Les grands prix automobiles (Le Mans, Monte-Carlo) attirent des milliers de touristes ponctuels (2 ou 3 jours). Le Tour de France est devenu une grande fête populaire qui mobilise les foules.

■ La part des sports dans les séjours

Activités	Hiver %	Été %
Sports d'hiver	22,6	0,9
Bateau, voile, planche	1,7	5,7
Sports extrêmes	0,6	1,6
Tennis	1,1	2
Équitation	0,2	0,4
Randonnée	17,8	23,7
Chasse, pêche	2,4	4
Autres sports	2,8	5,3
Autres activités	73	87,6
Nombre de séjours	18 500 000	53 000 000

Source : SOFRES

Les sports extrêmes sont le deltaplane, l'ULM, le moto-cross, etc.
Les totaux sont supérieurs à 100 % : plusieurs réponses étaient possibles.

■ La demande blanche

En France, le ski alpin se pratique dans 357 stations : 221 dans les Alpes et en Corse, 42 dans les Pyrénées, 38 dans le Jura, 30 dans les Vosges et 26 dans le Massif Central. Les 3 988 remontées mécaniques correspondent à un chiffre d'affaires annuel de 764 millions d'euros. Près de la moitié des stations bénéficient d'équipements en neige de culture (investissements : 23 millions d'euros en 1990, 34 en 2000)… que le réchauffement climatique risque de rendre dérisoires. Le ski nordique (courses de fond, sauts, biathlon), ce sont 330 sites et 10 000 km de pistes. Le ski de fond (faibles dénivellations) et le ski de randonnée, plus respectueux de la nature que les formes précédentes, sont en pleine expansion. Près de 37 % des Français fréquentent les stations de sports d'hiver en France et à l'étranger, ce qui représente quelque 60 millions de nuitées.

■ Le Tour de France

Créé en 1903, le Tour de France cycliste mobilise des milliers de spectateurs-touristes qui viennent parfois de l'étranger (Italiens, Espagnols). Certaines étapes se déroulent à l'étranger et la dernière emprunte les Champs-Élysées pour l'apothéose finale. Parmi les motivations du public populaire, il faut retenir le spectacle de l'effort physique, de la volonté farouche, de l'entraide et de la stratégie, l'atmosphère épique (cols de montagne). La caravane automobile (radio, TV, publicité, presse) participe au spectacle coloré du Tour et les stations de vacances bénéficient souvent d'énormes retombées économiques (hébergement, restauration, achats, transports).

■ La tauromachie

La corrida espagnole s'est acclimatée dans le Sud, en Languedoc et en Gascogne, d'Arles à Bordeaux. Avec le développement du tourisme, elle gagne du terrain, malgré beaucoup de réticences. Dans la course landaise, il n'y a pas de mise à mort. L'écarteur affronte une vache de course et esquive ses coups de cornes qui, par souci de sécurité, sont « emboulées ».

■ Les sports basques

Les tournois de pelote basque sont largement connus des touristes, beaucoup plus que les sports insolites liés à l'identité ethnique et rurale des Basques. Le soulèvement de pierres (75-150 kg ; 150-200 kg ; plus de 200 kg) par des athlètes locaux rappelle le métier de carrier et l'habitude de borner les terres et les villages. Les concours de bûcherons, de *segalariak* (faucheurs aidés de ramasseurs d'herbe, de transporteurs et de peseurs), de lever de charrettes ou de tireurs de cordes (2 équipes s'affrontent) rappellent les durs travaux des champs et de la forêt.

ÉCONOMIE

INFRASTRUCTURES

TOURISME CULTUREL

TOURISME BLEU

TOURISME VERT

TOURISME MONTAGNARD

La France des forêts

La forêt française couvre 15 millions d'ha, le quart du territoire : ce taux de boisement est le troisième d'Europe, après la Suède et la Finlande. La diversité des essences s'explique par les climats, les sols, l'altitude et l'action volontaire de l'homme qui a su créer, protéger et aménager, y compris au profit du tourisme.

Forêts et tourisme

☐ Images et fonctions de la forêt. On y trouve l'air pur, le calme, l'activité physique et sportive, la beauté d'une nature en général bien protégée (rôle de l'Office national des forêts). Les promeneurs du week-end et les touristes y découvrent les joies du tourisme de connaissance (flore et faune). Enfin, l'imaginaire joue un rôle énorme : la forêt conserve les souvenirs des chasses royales, des guerres qui l'ont meurtrie (guerre de Trente Ans dans l'Est, guerre de 14-18), de la subsistance qu'elle a assuré. Aux confins de la légende, elle évoque le gui des druides, les chevaliers de la Table Ronde, l'ultime refuge des révoltés et des hommes libres, des va-nu-pieds aux maquisards du Vercors.

☐ Si les forêts privées, majoritaires, restent souvent interdites au touriste (par exemple, en Sologne), les forêts domaniales bénéficient d'équipements : routes de pénétration, sentiers balisés, panneaux explicatifs, pistes cyclables, cavalières, de ski de fond.

Les forêts de France

☐ Dans la zone océanique, les arbres dominants sont le chêne rouvre, le chêne pédonculé, le hêtre et le charme. Forêts touristiques : Saint-Amand-Raismes, parc naturel régional ; Eawy (hêtres, belles promenades) ; Eu (circuit balisé de 40 km) ; Brotonne, parc naturel régional ; Perseigne (étangs, atmosphère magique) ; Bellême ; Fougères, la « forêt rousse » (les hêtres en automne) ; Huelgoat (chaos de grès, gorges, chemins balisés) ; Paimpont ; Landes (forêt de pins maritimes artificielle) ; Périgord et Quercy (chênes pubescents).

☐ En Île-de-France, les arbres dominants sont ceux de la zone océanique. Forêts touristiques : bois de Boulogne et bois de Vincennes (zoo, jardin d'acclimatation, musée, etc.) ; forêts suburbaines comme Saint-Germain ou Montmorency, forêts de la grande ceinture verte comme Fontainebleau (grès, pins sylvestres, vrai « carrefour biogéographique », sentiers balisés) ; Rambouillet (parc animalier des Yvelines, étangs, pistes cyclables, sentiers).

☐ En montagne, l'étagement de la végétation varie selon l'altitude et le climat. Vosges : hêtres, sapins, épicéas du versant lorrain, châtaigniers et pins sylvestres sur le versant alsacien. Jura : beaucoup de sapins, de mélèzes et d'épicéas. Alpes du Nord et Pyrénées : hêtres et sapins et, au-delà de 1 800 m, mélèzes et pins à crochets. Les forêts coïncident souvent avec les parcs naturels. Massif Central : grande variété, selon l'altitude et la latitude. Alpes du Sud : pins noirs, pins sylvestres, chênes pubescents.

☐ Dans les forêts méditerranéennes, la flore varie selon les sols. Les chênes lièges, accompagnés de chênes pubescents, de chênes verts et de pins, dominent sur les sols acides de Corse ou des Maures. Sur les sols calcaires du Languedoc et de Provence, le chêne vert est largement majoritaire, escorté de chênes pubescents et de pins d'Alep.

ARBRES ET FORÊTS

■ Carte des forêts

CRÉCY   SAINT-AMAND-RAISMES

EAWY   EU

BROTONNE   COMPIÈGNE
CERISY   LYONS   RETZ   ARGONNE

ERMENONVILLE   VERDUN   HAGUENAU

HUELGOAT   DONON

ÉCOUVES   FONTAINEBLEAU   FORÊT
                                         D'ORIENT

PAIMPONT   ORLÉANS   CHÂTILLON   LA
                                                HARTH

BLOIS   CHAMBORD

VIERZON   CITEAUX CHAUX

LOCHES   LA JOUX

BRENNE

TRONÇAIS

GRANDE
CHARTREUSE

montagnes

régions forestières

LANDES   GRÉSIGNE   VENTOUX   ESTÉREL

AIGOUAL   SAINTE-   MAURES
           BAUME

■ Les arbres

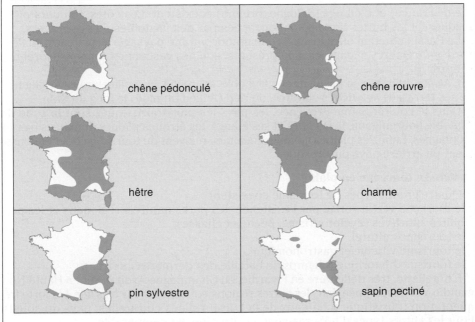

chêne pédonculé	chêne rouvre
hêtre	charme
pin sylvestre	sapin pectiné

137

ÉCONOMIE

INFRASTRUCTURES

TOURISME CULTUREL

TOURISME BLEU

TOURISME VERT

TOURISME MONTAGNARD

La France des plaines

Les plaines occupent plus de la moitié de la France. Victimes de quelques préjugés (platitude, monotonie), elles constituent surtout, à l'exception des zones liées aux vallées culturelles, aux vignobles et aux villes d'art, des lieux de passage pour les flux héliotropiques. Pourtant, leur potentialité touristique est grande.

■■■ Typologie des plaines

☐ Le Bassin parisien, qui occupe plus du quart de la France, est le type des grands bassins sédimentaires où les couches de terrain sont déposées en auréoles concentriques. Il se relève vers l'Est et le Sud, où les plateaux calcaires se terminent par des côtes dominant les zones argileuses. Les plaines au nord de l'Artois s'apparentent à la grande plaine du Nord de l'Europe. Le Bassin aquitain, de structure différente, est une véritable gouttière drainée par la Garonne.

☐ L'Alsace, les plaines du Massif central (Limagne), le couloir Saône-Rhône sont des plaines d'effondrement encaissées entre les lignes de faille et les montagnes.

☐ Les plaines méditerranéennes, ouvertes sur la mer, sont parfois caillouteuses (Crau, terrasses du Languedoc) ou marécageuses (littoral du Roussillon et du Languedoc, Camargue).

■■■ L'attrait des paysages

☐ Les plaines et les plateaux du Bassin parisien sont plus variés qu'on ne le croit grâce à l'alternance des calcaires, des argiles et des sables. Des paysages de bocage (Normandie) ou de campagne ouverte (Picardie, Champagne) mais aussi de forêts (Île-de-France) et d'étangs (Sologne, Brenne) coexistent. Les côtes, toujours pittoresques, et les buttes témoin sont occupées par des vignobles ou des vergers.

☐ Le Bassin aquitain offre lui aussi une grande variété paysagère : plateaux du Périgord et du Quercy, vignobles omniprésents, collines gasconnes, immense forêt des Landes.

☐ L'Alsace intéresse en raison de son vignoble, accroché aux collines sous-vosgiennes, de ses terrasses aux riches cultures, du ried (milieu humide) le long du Rhin.

☐ Dans le couloir Saône-Provence, les pays les plus touristiques sont la zone du vignoble bourguignon, la Dombes et ses étangs, les étroites plaines dominées par les montagnes. Enfin, les plaines méditerranéennes relèvent du tourisme côtier et constituent un arrière-pays pittoresque.

■■■ Le tourisme en plaine

☐ Quatre grands types de tourisme coexistent :
– le tourisme vert favorisé par l'existence des parcs naturels régionaux et les possibilités sportives (cyclotourisme, pêche et chasse),
– le tourisme culturel,
– le tourisme viticole et gastronomique,
– le tourisme historique (champs de bataille des dernières guerres).

☐ L'hôtellerie, très déficitaire en Picardie, en Champagne-Ardenne et en Haute-Normandie, est développée dans les autres régions concernées car très liée à la forte fréquentation touristique (châteaux de la Loire, vallées culturelles, pays du soleil). Pour les autres types d'hébergement, la situation est comparable.

LE BASSIN PARISIEN

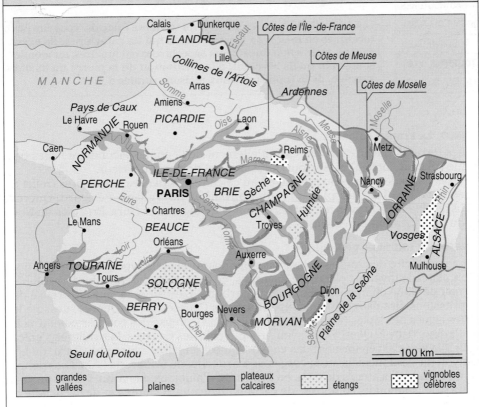

Légende :
- grandes vallées
- plaines
- plateaux calcaires
- étangs
- vignobles célèbres

■ Le relief de cuesta

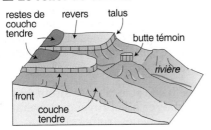

restes de couche tendre — revers — talus — butte témoin — rivière — front — couche tendre

Dans les régions sédimentaires faible-ment inclinées dans le même sens, où les couches dures (calcaires) et les couches tendres (argile) alternent, l'éro-sion met en relief les premières. Ainsi se forme une cuesta (ou côte). Son front domine la zone tendre par un talus plus ou moins vertical dont le recul progressif, dû à l'érosion, isole parfois des buttes témoins.

Dans l'est du Bassin parisien, ce proces-sus géologique a créé des paysages pit-toresques. Le front de cuesta peut être occupé par des vignes, des vergers, des villages et le revers est souvent boisé.

Laon, dans l'Aisne, occupe une butte témoin calcaire détachée de la côte d'Île-de-France. Longue de 2 km 500, large de 50 à 400 m, haute de 100 m, la butte de Laon domine superbement la plaine, couronnée par la cathédrale gothique. Au sud, la cuesta offre ses « monts », ses villages jadis vignerons, ses vergers riants.

ÉCONOMIE

INFRASTRUCTURES

TOURISME CULTUREL

TOURISME BLEU

TOURISME VERT

TOURISME MONTAGNARD

Les pays du calcaire

Les pays calcaires occupent 45 % du territoire français. Toujours pittoresques en raison du type d'érosion qui les caractérise, ils exercent une attraction due à leurs aspects souvent lunaires, au monde souterrain qu'ils révèlent, à la civilisation de la pierre qu'ils ont suscitée, de la préhistoire aux maisons rurales d'hier.

La France calcaire

☐ Les terrains calcaires datent essentiellement de l'époque secondaire : âges triasique (plateau lorrain) et, surtout, jurassique et crétacé supérieur.

☐ Trois types de reliefs correspondent au calcaire : les plaines et les côtes (relief de cuesta, voir p. 141), les plateaux (du Poitou à la Bourgogne, Périgord, Quercy, Causses, Plans de Provence...) et les régions montagneuses (Jura, Préalpes du Nord et du Sud, Piémont pyrénéen).

Un tourisme géologique

☐ La spécificité des roches calcaires explique un relief de type karstique (du nom d'un plateau slovène) : elles sont fissurées, ce qui les rend perméables et solubles à l'eau de pluie chargée de dioxyde de carbone. L'érosion de surface creuse des dépressions circulaires comme les sotchs des Causses ou du Quercy, dessine les stries aiguës des lapiès (Corbières, Préalpes, Jura), creuse des gouffres comme celui de Padirac dans le Quercy ou l'aven Armand dans les Causses. Les rivières s'enfoncent à la verticale en formant des canyons spectaculaires : gorges du Tarn, du Lot, canyon du Verdon, mais aussi gorges de l'Ardèche, du Doubs, de l'Ain. Les rochers ruiniformes, évocateurs de cités en ruines ou d'animaux menaçants, sont dus à la nature de la dolomie, composée de carbonate de chaux soluble et de carbonate de magnésie qui l'est beaucoup moins. Exemple : chaos de Montpellier-le-Vieux.

☐ Les eaux infiltrées en zone calcaire créent un réseau de galeries où elles circulent, parfois sous forme de rivières souterraines (Padirac). Elles excavent des grottes à concrétions (carbonates dissous), féériques par leurs stalactites (aiguilles qui pendent), leurs stalagmites (élevées sur le sol) et leurs colonnes. Cet univers fantastique rejoint les vieux mythes de l'Eau, de la Terre, du retour aux origines et de l'exploration. Tel est le cas dans l'aven Armand, aux grottes de Dargilan ou des Demoiselles.

Un tourisme vert

☐ La végétation des zones calcaires varie selon l'altitude et le climat : forêts du Jura ou du Vercors, garrigue méditerranéenne des Corbières à la Provence, végétation rabougrie des Causses et du Quercy (buis, genévrier, chênes truffiers).

☐ Randonnées pédestres et cyclotourisme permettent de découvrir, à travers le sport, les âpres paysages minéraux aux vastes horizons (Larzac, Provence, La Pierre-Saint-Martin).

Un tourisme culturel

Les activités agricoles varient, selon le relief et le climat, de l'élevage du mouton (Causses, Provence) à la viticulture (Bourgogne, Jura, Quercy). L'architecture rurale utilise systématiquement la pierre. Pays de villages fortifiés, les régions calcaires sont aussi celles de l'art médiéval (Bourgogne, Quercy, Causses, Provence).

LA FRANCE CALCAIRE

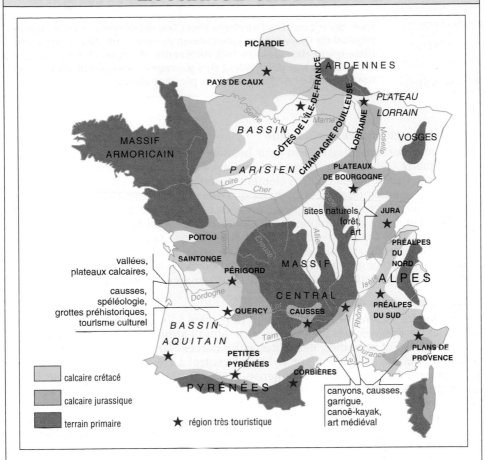

PICARDIE

ARDENNES

PAYS DE CAUX

CÔTES DE L'ÎLE-DE-FRANCE

PLATEAU LORRAIN

CHAMPAGNE POUILLEUSE

LORRAINE

VOSGES

MASSIF ARMORICAIN

BASSIN PARISIEN

PLATEAUX DE BOURGOGNE

sites naturels, forêt, art

JURA

POITOU

SAINTONGE

PÉRIGORD

MASSIF

CENTRAL

PRÉALPES DU NORD

ALPES

PRÉALPES DU SUD

vallées, plateaux calcaires,

causses, spéléologie, grottes préhistoriques, tourisme culturel

QUERCY

CAUSSES

BASSIN AQUITAIN

PLANS DE PROVENCE

PETITES PYRÉNÉES

CORBIÈRES

PYRÉNÉES

calcaire crétacé

calcaire jurassique

terrain primaire

★ région très touristique

canyons, causses, garrigue, canoë-kayak, art médiéval

Rivers labelled: Seine, Marne, Moselle, Loire, Cher, Allier, Vienne, Creuse, Dordogne, Tarn, Isère, Rhône, Durance

■ Le modelé karstique

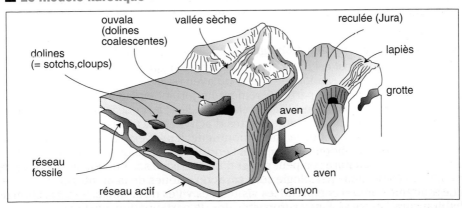

ouvala (dolines coalescentes)

vallée sèche

reculée (Jura)

dolines (= sotchs, cloups)

lapiès

grotte

réseau fossile

aven

réseau actif

aven

canyon

ÉCONOMIE

INFRASTRUCTURES

TOURISME CULTUREL

TOURISME BLEU

TOURISME VERT

TOURISME MONTAGNARD

Le tourisme en montagne

Que cherchent les touristes dans les montagnes ? La réponse dépend de l'imaginaire que chacun se construit, des saisons, qui dispensent des plaisirs fort différents, du type et de l'âge des montagnes, qui définissent des paysages très dissemblables, du nord au sud et de la vallée aux pics enneigés.

■■■ L'imaginaire de la montagne

L'attirance pour la montagne vient pour beaucoup des rêveries qu'elle suscite à partir des quatre éléments qui, selon les Anciens, étaient constitutifs de l'univers : la terre, l'eau, l'air et le feu. Chaque élément prend en effet des significations symboliques qui le transfigurent et le dotent de qualités utiles à l'homme. La terre, en montagne, ce sont les rochers, les pics sauvages qui engagent à l'effort physique, au dépassement de soi, au triomphe de la volonté. L'eau, toujours pure, qui coule en cascades, dort dans les lacs ou devient neige, symbolise la pureté, le retour aux origines, la résurrection physique (exemple du thermalisme). L'air vif et embaumé des vallées ou des cimes génère la santé, loin de la pollution urbaine, enfin le feu s'exprime dans les orages redoutés mais fascinants, les étranges sources chaudes, les volcans.

■■■ Deux types de montagne

☐ Les massifs anciens, nés du plissement hercynien à l'ère primaire, sont en général arasés et pénéplanés, tels le Limousin et le Massif armoricain. On y rencontre des formes douces et arrondies, des altitudes modérées. Toutefois, sous l'influence du plissement alpin, à l'ère tertiaire, le Massif central a été soulevé à l'est, fissuré de failles, marqué par un volcanisme intense. Soulevées, les Vosges ont basculé. Rajeunis ou non, les massifs anciens sont constitués de roches dures et cristallines comme le granite ou métamorphiques comme les schistes. Landes et bocages (Limousin, Bretagne), maquis corse ou forêts, la végétation est tributaire du climat et/ou de l'altitude.
☐ Les massifs jeunes sont nés du surgissement pyrénéo-alpin, au tertiaire. Ils ont un relief vigoureux, des cimes déchiquetées, de fortes altitudes et l'érosion y est active. Les roches sédimentaires plissées y voisinent avec les roches cristallines des noyaux primaires soulevés. La végétation est étagée sur les versants. L'adret des vallées, ou versant sud, porte villages et cultures, et l'ubac, versant nord, porte un épais manteau forestier.

■■■ Variété du tourisme montagnard

☐ Le tourisme blanc est celui des sports d'hiver : ski alpin, ski nordique, ski de randonnée, ski hors piste, randonnée à pied ou avec raquettes.
☐ Le tourisme de santé est particulièrement important en montagne puisque l'existence des stations thermales est liée au relief de faille et aux phénomènes volcaniques.
☐ L'été en montagne favorise toutes sortes d'activités. Le tourisme automobile permet la visite des vallées et de la haute montagne. Il peut être combiné à des excursions pédestres. La randonnée conjugue l'endurance physique, la joie de l'effort et l'observation de la nature : on peut parler d'un tourisme scientifique de découverte. Enfin, l'alpinisme et la spéléologie sont caractéristiques de la montagne.
☐ Le tourisme culturel comprend les visites des villes de la vallée, l'observation de l'habitat rural et des activités agropastorales, la participation aux fêtes.

LA FRANCE EN ALTITUDE

■ Montagnes anciennes et montagnes jeunes

1. Puy de Sancy, 1 886 m
2. Plomb du Cantal, 1 858 m
3. Mont Lozère, 1 702 m
4. Hohneck, 1 366 m
5. Ballon de Guebwiller, 1 426 m
6. Monts d'Arrée, 384 m
7. Mont des Avaloirs, 417 m
8. Bocage vendéen, 285 m
9. Monte Cinto, 2 710 m
10. Mont Blanc, 4 807 m
11. Mercantour, 3 297 m
12. Vignemale, 3 298 m
13. Pic du Midi, 2 877 m
14. Canigou, 2 785 m

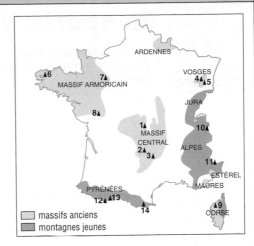

■ Les étages végétaux

Étage nival (+ 2 500 m)
- Domaine froid et/ou glacé. Roche nue, neiges éternelles. Quelques fleurs, lichens et mousses. Limite des neiges éternelles : 2 800 m à 3 000 m.
- Tourisme : ski (stations intégrées de 3ᵉ génération), alpinisme.

Étage alpin (→ 2 500 m)
- Aucun arbre (neige, basses températures). Zone des alpages. Fleurs : edelweiss, génépi, saxifrage, faux pissenlit, sainfoin.
- Tourisme : ski (stations intégrées de 3ᵉ génération), randonnées estivales, alpinisme.

Étage subalpin (› 2 000 m)
- Forêt de conifères (mélèze, pin à crochets, pin cembro). Pâturages : gentiane, aster.
- Tourisme : ski (stations spécialisées de 2ᵉ génération) randonnées estivales.

Étage montagnard (→ 1 700 m)
- Forêt de feuillus (noisetier, hêtre) et de conifères (sapin, épicéa, pin sylvestre). Fleurs : carline, sabot de Vénus, bruyère des neiges.
- Tourisme : ski (stations traditionnelles et nouvelles stations-villages), promenades estivales.

Étage collinéen (→ 800 m)
- Cultures (vignes, arbres fruitiers, céréales). Feuillus comme le châtaignier et le chêne pubescent.
- Tourisme : tous les sports (complexes des villages), promenades, tourisme culturel (villages, villes).

ÉCONOMIE

INFRASTRUCTURES

TOURISME CULTUREL

TOURISME BLEU

TOURISME VERT

TOURISME MONTAGNARD

Les stations de sports d'hiver

L'irrésistible engouement pour le ski alpin a provoqué la création de trois générations de stations de sports d'hiver, de plus en plus spécialisées.

De l'alpinisme au ski

☐ Le premier tourisme montagnard, lié aux stations thermales ou à des villages agropastoraux, se développe dès la fin du XVIIIᵉ siècle. Comme il attire une clientèle d'alpinistes et de randonneurs, il est exclusivement estival. Exemple : Chamonix est fréquenté pour les excursions à la mer de Glace ou en montagne.

☐ Le ski apparaît à Chamrousse en 1878. Le Club alpin et le Touring Club encouragent sa pratique, consacrée par les jeux Olympiques d'hiver de 1924, à Chamonix.

1880-1930 : des stations polynucléaires et bipolaires

☐ Les stations de la première génération ne sont pas autonomes : elles se greffent sur un village agropastoral établi sur un aplat (Saint-Gervais, à 800 m) ou dans la vallée (Chamonix, à 1 037 m). Autour du noyau préexistant, avec ses commerces, ses hôtels et, parfois, son établissement thermal, le ski suscite la construction de nombreux chalets. Les pistes de ski sont très proches de l'agglomération.

☐ Ce type de station est nettement polynucléaire (plusieurs noyaux pour l'habitat et le commerce) et bipolaire (tourisme d'été et tourisme d'hiver). Exemples : Chamonix, Chamrousse, Saint-Gervais, le Mont-Dore, Luchon.

1930-1960 : des stations polynucléaires et uni ou bipolaires

☐ Les stations de la deuxième génération ont été créées *ex nihilo*, entre 1 000 et 2 000 m, à l'exemple de Courchevel, née à 1 550 m, selon un projet planifié par un promoteur et le conseil général. Ces stations, spécialisées, sont coupées du milieu montagnard traditionnel ou bien elles l'englobent rapidement.

☐ Ces stations sont polynucléaires (hôtels, « quartiers » de chalets, commerces, équipements) et souvent unipolaires (le tout-ski) sauf si elles évoluent vers un tourisme d'été. Exemples : Gourette, Superbagnères, dans les Pyrénées, Super-Lorian, Superbesse, en Auvergne, l'Alpe-d'Huez, Méribel, dans les Alpes.

1960-1980 : des stations binucléaires et unipolaires

☐ Les stations de la troisième génération ont été créées *ex nihilo* dans la zone des alpages propice au ski alpin, entre 1 500 et 2 000 m d'altitude. Le ski se pratique jusqu'à 3 000 m et parfois plus. En 20 ans, 23 stations ont été créées et 20 anciennes rééquipées, dans le cadre d'un Plan neige lancé par les pouvoirs publics, les collectivités locales et un promoteur unique, véritable démiurge. Le SEATM, service d'études pour l'aménagement touristique de la montagne, associait ces partenaires.

☐ Ces stations intégrées, très spécialisées, sont de type binucléaire avec leur zonage strict : un noyau d'accueil et d'hébergement (parkings, énormes bâtiments à étages intégrant commerces et restaurants), un noyau pour le ski (équipements et pistes). Exemples : Avoriaz, Les Ménuires, Les Arcs, Super-Dévoluy, Isola 2 000.

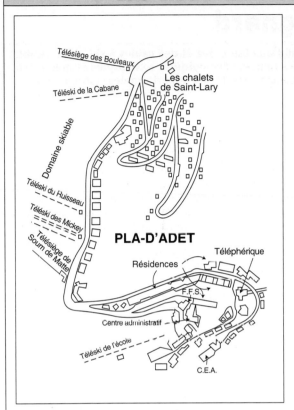

■ Le Pla-d'Adet

La station de ski du Pla-d'Adet a été créée *ex nihilo* à 1 680 m dans la zone des alpages. Elle est nettement binucléaire : un important ensemble de chalets, en contrebas de la route d'accès, précède le noyau essentiel (parking, téléphérique, résidences avec commerces intégrés). Longtemps unipolaire puisque créée pour le ski, elle tente de développer une fonction estivale, comme satellite de Saint-Lary, ancien village agropastoral de la vallée d'Aure, devenu station de vacances et centre thermal, à proximité du parc naturel national des Pyrénées, de la réserve du Néouvielle et de l'Espagne (tunnel de Bielsa).

■ La Plagne

Station intégrée de la troisième génération, La Plagne a été réalisée par un seul promoteur assisté d'un architecte. Hormis la route, financée par la commune, ce promoteur a tout pris en charge, de l'hébergement aux remontées mécaniques.

Les bâtiments sont reliés par une suite de galeries marchandes permettant aux touristes de se déplacer sans sortir de ce « paquebot des neiges ». L'esprit « tout-ski » est manifeste dans cette organisation : voiture au parking, logement à quelques mètres, skis chaussés dès la sortie des immeubles.

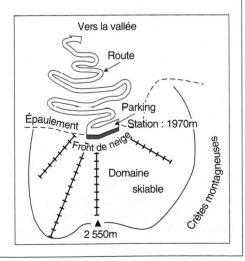

ÉCONOMIE
INFRASTRUCTURES
TOURISME CULTUREL
TOURISME BLEU
TOURISME VERT
TOURISME MONTAGNARD

Le nouveau tourisme montagnard

Le temps des stations intégrées et des usines à ski alpin semble dépassé, tant les impacts écologiques, esthétiques et même économiques sont alarmants. D'où l'apparition des stations villages.

■■■■ Le temps des bilans

L'essor inouï du ski alpin a certes permis de créer 300 000 emplois, dont 25 % permanents, et contribué à la reprise économique et démographique des régions concernées, mais le bilan des stations spécialisées semble toutefois négatif. En effet, les emplois créés sont peu qualifiés et mal rémunérés, les agriculteurs, ravis de vendre leurs terres aux promoteurs, ont dû abandonner les activités agropastorales, l'urbanisation de la montagne a dénaturé celle-ci et certains parlent même de désastre écologique : forêts rasées pour laisser place aux pistes, prés rabotés, pentes ruinées, humus détruit, réseaux boulimiques de pylônes et de remonte-pentes.

■■■■ Les nouvelles orientations

☐ Un ensemble de décisions, nées de la prise de conscience des dangers du tout-ski alpin, ont défini une nouvelle politique d'aménagement : instructions interministérielles de 1977 sur l'aménagement des unités touristiques, loi de 1985 relative au « développement et à la protection de la montagne », plan de relance de 1991.
☐ Les nouveaux objectifs consistent dans l'abandon de la politique des stations intégrées et du tout-ski au profit de constructions en continuité des villages ou des hameaux existants, de mesures foncières facilitant la remise en exploitation des terres et d'un statut de pluriactivité (on peut par exemple être agriculteur et employé aux remontées mécaniques). On prône une révision de la gestion des remontées et des pistes de ski de fond au profit des communes.

■■■■ Les nouvelles stations villages

☐ Le village est protégé dans ses composantes traditionnelles et ses activités agropastorales. Le ski alpin subsiste, mais les installations sont réalisées sous forme de « stades de neige » (domaine skiable sans hébergement). Ces stations villages favorisent le ski de fond, le ski de randonnée et le tourisme estival.
☐ Dès 1973, neuf stations de l'association Stations Villages Savoie ont adopté ce schéma de polyvalence : Carroz-d'Arâches, Chatel, Combloux, Les Contamines-Montjoie, Les Gets, Notre-Dame-de-Bellecombe, Pralognan-la-Vanoise, Praz-sur-Arly et Valloire. Autres réussites : en haute Maurienne (stations du Val-Cenis et de Bonneval-sur-Arc), dans la Chartreuse, le Vercors, à Ceillac, dans le Queyras, à La Bresse, dans les Vosges, à Hautacam, dans les Pyrénées.

■■■■ Le rôle de la moyenne montagne

Les nouvelles orientations devraient favoriser le développement d'un tourisme estival, déjà très important, qui prendra appui sur les villages de moyenne montagne (hébergement, restauration, activités sportives, etc.).

LES STATIONS VILLAGES

■ Ceillac, dans le Queyras

Dans le vallon du Mélezat, à 1 643 m d'altitude, un village de 292 habitants doté d'une église du XVIe siècle et d'un musée d'art religieux est devenu une station village. Ici, des sommets vigoureux encadrent un bassin cultivé presque plat. Des randonnées pédestres sont possibles, en été, de Ceillac à Château-Queyras (5h30) ou de Ceillac à la vallée de l'Ubaye sur le GR 5 (7h). Et dans la région, les cascades et les lacs ne manquent pas. L'hiver, parfois sur les mêmes chemins, le ski de fond bénéficie de 60 km de pistes et le ski alpin (20 km de pistes) permet de monter à une altitude de 2 480 m. À Ceillac, les activités agro-pastorales et le tourisme coexistent dans un esprit convivial et bon enfant.

■ À Meymac, dans le Limousin, programme complet

Meymac : 702 m d'altitude, 2 783 habitants, un vieux quartier autour de l'ancienne abbaye (Vierge noire du XIIe siècle), un musée archéologique et ethnologique, un centre d'art contemporain. Au nord immédiat, le plateau de Mille-vaches, ses villages, les randonnées inoubliables, à pied l'été, en ski de fond l'hiver, sur les pentes du puy Pendu et du mont Bessou. L'hiver est long et rude, le vent très froid mais les paysages sont magnifiques, le ski particulièrement tonique, la gastronomie variée.

Plateau de Millevaches

ÉCONOMIE

INFRASTRUCTURES

TOURISME CULTUREL

TOURISME BLEU

TOURISME VERT

TOURISME MONTAGNARD

Le tourisme de santé

L'imaginaire humain, qui a toujours accordé à l'eau des pouvoirs de purification et de régénération, et aussi les besoins thérapeutiques, expliquent le succès des nombreuses stations thermales, nées pour la plupart en montagne, et celui, plus nouveau, de la thalassothérapie.

Le thermalisme

☐ Le patrimoine thermal français comprend 1 200 sources aux vertus thérapeutiques. Ce sont des résurgences en zone sédimentaire (Forges-les-Eaux), volcanique (le Mont-Dore) ou cristalline (Plombières). Actuellement, 95 établissements thermaux sont ouverts. Les sept premières régions, pour le nombre d'établissements, sont : Midi-Pyrénées (18), Rhône-Alpes (16), Languedoc-Roussillon (13), Aquitaine et Auvergne (10 chacune), Lorraine (5), PACA (4). Le critère du nombre de journées de cure conduit à un classement différent : Rhône-Alpes (1 650 000), Languedoc-Roussillon (1 640 000), Aquitaine (1 637 000), Midi-Pyrénées (1 430 000), Auvergne (1 150 000), PACA (696 000), Lorraine (554 000).
☐ Le XIXᵉ siècle et la Belle Époque ont connu l'apogée des stations thermales : Napoléon III et Eugénie, de nombreux ministres et des hommes célèbres ont lancé ou relancé les stations où le thermalisme devient un prétexte à divertissements mondains. En 1950, la Sécurité sociale a admis le bien-fondé des cures.

Les stations thermales

☐ Les premières stations thermales sont de structure mononucléaire (un quartier pour l'hébergement des curistes) et unipolaire (seul pôle attractif : l'établissement balnéaire). Assez rapidement, dès le XVIIᵉ siècle, ces espaces vont évoluer et devenir polynucléaires (plusieurs quartiers pour les curistes et les touristes, développement d'une ville) et multipolaires : aux thermes construits au siècle dernier (Châtelguyon, Le Mont-Dore, superbement décoré, Luchon, Vichy) s'ajoutent des parcs et des allées couvertes (Vichy) pour la promenade et la rencontre, un théâtre, un casino, un golf, un hippodrome et, aujourd'hui, un complexe sportif. À la limite, il s'agit d'une ville polyvalente, à la fois centre économique, station de ski, centre d'excursions et même station balnéaire (Évian, Aix-les-Bains).
☐ L'image vieillotte de beaucoup de stations, le retour à une fonction strictement curative, à l'initiative de la Sécurité sociale, et le vieillissement de la population des curistes ont incité à la diversification des activités : promotion d'un tourisme d'excursions, centres de remise en forme, cures antitabac ou antistress.

La thalassothérapie

☐ La mode des cures marines a commencé dans les années 60, à l'initiative de l'ancien champion cycliste Louison Bobet. La thalassothérapie utilise l'eau de mer, les algues et les boues marines (bains, douches, applications) dans le traitement des rhumatismes, la rééducation des accidentés et, plus simplement, dans les stages de remise en forme destinés à une clientèle aisée.
☐ Les centres de thalassothérapie sont implantés en bord de mer. Seul un flux touristique suffisant justifie la création de ces « isolats » près des stations balnéaires. 120 000 curistes les fréquentent, dont 65 % pour soigner leurs rhumatismes.

LES STATIONS THERMALES

■ Stations thermales et centres de thalassothérapie

Légende :
- Station thermale
- A voies respiratoires
- B rhumatologie
- C affections cardio-vasculaires
- D gynécologie
- E dermatologie
- F urologie, néphrologie
- G phlébologie
- H appareil digestif
- I neurologie
- ≈ thalassothérapie

Stations indiquées sur la carte : St-Amand, Forges, Trouville, Enghien, Vittel, Roscoff, Granville, Contrexéville, Plombières, St-Malo, Bagnoles, Bains-les-B., Douarnenez, Bourbonne-les-B., Luxeuil, Quiberon, St-Honoré-les-B., Santenay, Salins-les-B., La Roche-Posay, Lons-le-Saunier, Bourbon, Divonne, Évian, Bourbon-l'A., Néris, Vichy, Thonon, Rochefort, Châtelguyon, Royat, Charbonnières, Aix-les-B., La Bourboule, Challes-les-E., Brides, Le Mont Dore, St-Nectaire, Allevard, Uriage, Alvignac, Vals, Barbotan, Gréoux-les-B., Berthemont, Lamalou, Dax, Eugénies-les-B., Aix-en-P., Capvern, Salies, St-Raphaël, Biarritz, Bagnères-de-B., Toulon, Argelès, Marseille, Cambo, Ax-les-Th., Molitg, Cauterets, Luchon, Colliure, Vernet, Amélie-les-B., Porticcio

■ Le poids économique du tourisme thermal

– *Chiffre d'affaires* : 760 millions d'euros.

– *Hébergement offert* : 50 000 chambres d'hôtel, 90 000 lits en meublés, 30 000 emplacements de camping, 7 000 lits de maisons d'accueil spécialisées.

– *Fréquentation annuelle* : 650 000 curistes et 400 000 accompagnateurs.

– *Emplois* : près de 40 000 (38 % permanents).

– *Investissements* : efforts de modernisation à partir de 1970, contrats de plan État-région (Auvergne, Grand Sud-Ouest, Rhône-Alpes).

– *Concentration* : création de 4 chaînes thermales de regroupement des stations : Chaîne du Soleil (rachat de stations, efforts de promotion, meilleure gestion intégrée), Eurothermes, Promothermes, Thermafrance.

– Les 11 premières (85 % de la clientèle) sont Aix-les-Bains, Luchon, Dax, La Bourboule, Royat, Châtelguyon, Bagnoles-de-l'Orne, Vichy, Amélie-les-Bains, Cauterets, Le Mont-Dore.

ÉCONOMIE
INFRASTRUCTURES
TOURISME CULTUREL
TOURISME BLEU
TOURISME VERT
TOURISME MONTAGNARD

Les lacs de montagne

Attrayants pour leur beauté, qui avait inspiré Rousseau, Lamartine et les Romantiques et en raison des émotions qu'ils font naître chez de plus simples mortels, les lacs de montagne sont à l'origine de formes de tourisme qui varient selon les situations géographiques et les conditions d'aménagement ou de protection.

Typologie géographique des lacs de montagne

On distingue quatre grands types de lacs de montagne :
□ Les lacs glaciaires occupent des cirques ou des tronçons de vallées glaciaires verrouillés par des moraines (lacs de Gerardmer et d'Annecy).
□ Les lacs de barrage naturels sont établis dans des vallées obturées par des éboulis ou une coulée de lave. Exemples : lac Chambon et lac d'Aydat en Auvergne.
□ Les lacs de cratère sont nombreux en Auvergne. Exemple : gour de Tazenat.
□ Les lacs artificiels des barrages hydroélectriques sont souvent ouverts au tourisme. Exemples : lacs alpins de Serre-Ponçon ou de Sainte-Croix.

Les lacs restés sauvages

□ De très nombreux lacs de montagne restent entièrement sauvages pour trois grandes raisons : l'éloignement et les difficultés d'accès (relief, absence de routes), l'altitude et le climat rigoureux, la législation protectrice (réserves ou parcs naturels, sites classés). Ce sont par exemple les lacs pyrénéens de la zone du Néouvielle.
□ Une sauvagerie… tempérée caractérise certains petits lacs : un hôtel, un camping, quelques chalets pour des amateurs de pêche et de tourisme vert.

Les rivieras lacustres

□ De riches aristocrates donnèrent le ton dès le XVIIIᵉ siècle : les berges des lacs alpins, déjà occupées par des villages et des petites villes, devinrent de véritables rivieras plus ou moins continues, et connurent le développement de stations lacustres opulentes, à caractère d'abord thermal et climatique. Tel est le cas de la rive française du lac Léman et des lacs d'Annecy et du Bourget.
□ Les stations lacustres, liées à un tourisme de séjour mondain, sont polynucléaires (plusieurs noyaux) : front de lac avec promenade et casino, palaces, établissement thermal, palais des congrès ou des festivals, noyau historique de la vieille ville, lotissements de riches villas et hôtels panoramiques à la périphérie, souvent en hauteur, espaces sportifs. Elles sont multipolaires puisqu'elles assurent toujours plusieurs fonctions : économique, touristique (hébergement, distractions, tours du lac), culturelle (musées, festivals), sportive (randonnées, sports nautiques), et parfois thermale. Exemples : Évian, Thonon-les-Bains, Annecy, Aix-les-Bains.

Les nouveaux lacs touristiques

L'essor des sports nautiques a transformé certains lacs en espaces sportifs, par exemple dans le Jura (lacs de Saint-Point, Nantua, Chalain, Vouglans). Les nouveaux lacs de barrage ont suscité la création de nouveaux foyers touristiques. Ainsi, à Serre-Ponçon, la Durance traverse un immense plan d'eau aux berges pittoresques. Les villages proches sont devenus des stations vertes.

LA VARIÉTÉ DES LACS

■ La forme des lacs

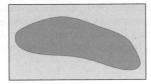

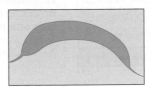

Lacs circulaires
Les lacs de cratère auvergnats ont presque tous cette forme : lacs Pavin, Servière, Bouchet. Plusieurs lacs glaciaires sont circulaires dans les Alpes et les Pyrénées (zone du Néouvielle).

Lacs elliptiques
Les lacs de Chalain, de Saint-Point dans le Jura, le lac du Bourget, dans les Alpes, le lac de Guéry, en Auvergne ont cette forme.

Lacs en croissant
Souvent, la rive convexe est basse et la rive concave abrupte. Exemple le plus célèbre : le lac Léman. Le lac d'Annecy dessine un croissant d'Annecy à Duingt, puis se termine en ellipse.

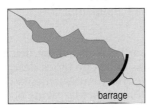

Lacs vermiculés
Lorsqu'une vallée à méandres est ennoyée par un barrage, le lac formé prend une forme vermiculée. Exemples : lacs de Vouglans et de Clervaux, dans le Jura, aménagements de la Dordogne et de la Maronne.

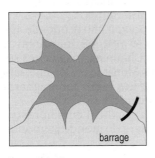

Lacs en étoile
Lorsque l'ennoyage par un barrage concerne plusieurs vallées affluentes, des lacs en étoile sont formés. Exemples : Vassivière, Pont-de-Salars et Pareloup (au sud-est de Rodez).

■ Le lac de Vassivière : à 100 % touristique

À l'ouest immédiat du plateau de Millevaches, en Limousin, le lac de barrage de Vassivière offre ses 1 000 ha, ses berges très découpées et ses plages, dans un environnement agreste de collines boisées. Hôtels, campings, gîtes ruraux, village de vacances, établis au bord du lac et dans les villages de granite alentour, assurent l'hébergement des vacanciers.

De multiples activités sportives sont possibles : pêche, voile et planche (4 écoles), ski nautique, baignade, tennis, randonnées équestres ou pédestres, ski de fond. Des manifestations nautiques sont organisées chaque été et on peut faire le tour du lac en bateau. Le tourisme culturel a désormais son importance. Sur l'île de Vassivière ont été implantés un musée en plein air de la sculpture sur granite et, en 1991, un centre d'art contemporain conçu par les architectes A. Rossi et X. Fabre (salles polyvalentes, expositions, manifestations culturelles).

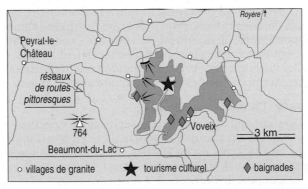

ÉCONOMIE

INFRASTRUCTURES

TOURISME CULTUREL

TOURISME BLEU

TOURISME VERT

TOURISME MONTAGNARD

Les pays du granite

Le granite, roche magmatique composée de cristaux de quartz, de mica et de feldspath, donne leurs teintes grises, roses ou bleutées aux paysages. Le granite a créé un imaginaire et une civilisation avec ses formes naturelles étranges, les menhirs, les enclos paroissiaux, les maisons ou les églises.

▬▬▬ La France granitique

☐ Parmi les massifs anciens, la dominante granitique caractérise le Massif armoricain, vaste pénéplaine, le Massif central, pays de plateaux à l'ouest et de montagnes à l'est, les Vosges et la Corse, au caractère montagneux affirmé.

☐ Les massifs granitiques des montagnes jeunes, Alpes et Pyrénées, ont un relief hardi qui s'explique par le soulèvement de vieux socles primaires au tertiaire. Ils font l'objet d'un tourisme de randonnée et sont adaptés à l'alpinisme.

▬▬▬ Morphologie du granite

☐ Ébranlé par les mouvements tectoniques, désagrégé par l'élargissement des fissures dues à l'érosion, le granite peut former de véritables chaos de blocs desquamés (usure par détachement d'éléments). Exemples célèbres : entassements des rochers roses de Ploumanach, en Bretagne, blocs en équilibre de la Margeride ou du Sidobre. Les Ballons des Vosges ont des formes arrondies caractéristiques.

☐ En Bretagne, des chicots rocheux ont résisté à l'érosion (sauvages monts d'Arrée) et beaucoup de vallées ont creusé dans le granite des sillons encaissés à pentes rapides. Le Massif central de l'est offre des paysages comparables.

▬▬▬ Un tourisme vert

☐ Sur les arènes granitiques, sols pauvres siliceux (décomposition du quartz) et argileux (décomposition du feldspath), se développent la lande de type océanique, avec ses fougères, ses ajoncs, ses bruyères et ses genêts, ou le maquis corse, fouillis d'arbustes (arbousiers, cistes, myrtes) et de plantes odoriférantes.

☐ Sur les plateaux bretons et limousins, le bocage correspond à une économie agropastorale très ancienne. En montagne, les pâturages d'altitude marquent les anciennes habitudes de transhumance. Ainsi, les Hautes Chaumes vosgiennes sont occupées par les troupeaux de juin à l'automne (fromages Munster et Géromé, fabriqués dans les marcaireries). Dès que l'altitude augmente, des forêts montagnardes apparaissent, où dominent les résineux (Vosges, Massif central, Corse).

☐ Sept parcs naturels régionaux concernent la France du granite. Leurs infrastructures facilitent un tourisme de randonnée pédestre (sentiers de grande randonnée, gîtes, fermes-auberges) ou de circuits automobiles.

▬▬▬ Un tourisme culturel

Le granite, qui donne ses teintes aux sites, constitue également un matériau imputrescible. Il est l'un des supports de la civilisation des mégalithes, autour de Carnac, en Bretagne, ou de Filitosa, en Corse. L'architecture paysanne l'utilise systématiquement et on le retrouve dans les admirables calvaires bretons, les églises et les châteaux, de l'art roman à notre époque.

LES MASSIFS ANCIENS

■ Le Massif armoricain

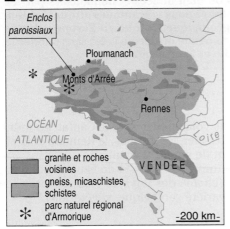

Enclos paroissiaux
Ploumanach
Monts d'Arrée
Rennes
OCÉAN ATLANTIQUE
Loire
VENDÉE

■ granite et roches voisines
■ gneiss, micaschistes, schistes
✳ parc naturel régional d'Armorique

-200 km-

■ Le Massif central

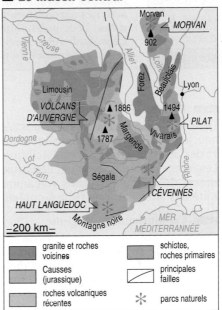

Morvan
MORVAN
902
Vienne
Creuse
Allier
Loire
Forez
Beaujolais
Lyon
Limousin
VOLCANS D'AUVERGNE
▲1886
1494 ▲
PILAT
Dordogne
Margeride
Vivarais
▲1787
Lot
Tam
Ségala
Rhône
CÉVENNES
HAUT LANGUEDOC
Montagne noire
MER MÉDITERRANNÉE
–200 km–

■ granite et roches voisines
■ Causses (jurassique)
■ roches volcaniques récentes
■ schistes, roches primaires
▱ principales failles
✳ parcs naturels

■ Le granite et les roches voisines

Plusieurs roches plutoniques, c'est-à-dire issues d'un magma à refroidissement lent, sont très proches du granite :
– la pegmatite, aux gros cristaux de quartz incolore, de mica blanc, de feldspath rosé (Pyrénées, Auvergne) ;
– la granulite, aux cristaux de même nature, mais très petits (massif du Mont-Saint-Michel) ;
– la diorite blanche et noire (feldspath blanc, cristaux noirs d'amphibole) commune en Bretagne ;
– la diorite orbiculaire, aux cristaux disposés en auréoles (Corse) ;
– la syènite au feldspath rosé et à l'amphibole foncée, commune dans les Vosges.
Plusieurs roches métamorphiques, c'est-à-dire dont les minéraux ont été soumis à des pressions et des chaleurs énormes qui leur ont donné une structure feuilletée, ont une composition proche de celle du granite :
– le gneiss, de même composition tripartite que le granite (pointe du Raz) ;
– le micaschiste (quartz et mica) et divers schistes cristallins.

■ Les enclos paroissiaux

L'enclos paroissial breton est un espace ceint de murs, qui comprend le cimetière, l'église, l'ossuaire, le calvaire et la porte triomphale. De la Renaissance au XVIIe siècle, l'architecture et la sculpture ont ici utilisé le granite. Les calvaires sont particulièrement impressionnants : autour du Christ en croix, des dizaines de personnages illustrent une scène de sa vie ou de sa Passion. Ils sont 180 à Plougastel-Dalouas.

■ Un musée du granite

À Saint-Michel-de-Montjoie, dans la Manche, un musée de plein air montre les différents usages du granite dans l'agriculture (abreuvoirs, meules, pressoirs) et dans l'architecture (piliers, linteaux, balustres). Des photos expliquent son extraction et son façonnage.

ÉCONOMIE

INFRASTRUCTURES

TOURISME CULTUREL

TOURISME BLEU

TOURISME VERT

TOURISME MONTAGNARD

Les pays de volcans

Lunaires et inquiétantes ou bien douces et humanisées par les activités agropastorales, les régions volcaniques attirent les touristes. Leur patrimoine géologique, unique en Europe, stimule l'imaginaire et permet le tourisme de découverte ; sans oublier le ski, la randonnée, la pêche et le thermalisme.

La France volcanique

☐ Dans le Massif central, les grandes régions volcaniques sont le Cantal, les monts Dôme, le Velay et le Vivarais occidental. Outre-mer, les Antilles, la Réunion et la plupart des archipels français du Pacifique sont de nature volcanique.

☐ Les images touristiques sont liées aux mythes de la Terre et du Feu, à l'étonnante jeunesse de certaines formes volcaniques (chaîne des Puys, la plus récente), à la beauté des sites naturels (relief, couleurs, variété géologique, végétation).

Un tourisme géologique

On peut faire une typologie des volcans. Les volcans à cône sont formés par une succession de coulées de lave et de dépôts de projection (bombes volcaniques, lapillis, cendres). Leur structure est donc stratifiée, d'où leur nom de stratovolcans. Ex. : volcans de la chaîne des Puys, Plomb du Cantal, mont Bar (dans le Devès) dont le cratère est le mieux conservé. Parfois ces volcans sont égueulés par la violence de l'explosion (dégazage brutal) et les laves coulent sur le côté défoncé : les puys de Lassolas et de la Vache en sont les meilleurs exemples. Les volcans à cratères emboîtés résultent d'une explosion qui a créé une énorme cavité au sommet du cratère : un second cratère s'est alors édifié. Les puys de Pariou et de Côme sont de ce type. Construits sur le modèle de la montagne Pelée (Martinique), les volcans à dôme, ou cumulo-volcans, dégagent une nuée ardente (gaz et projections fines), puis les laves visqueuses forment un dôme et parfois une aiguille. Ex. : puy Mary, puy de Dôme. Les volcans boucliers (de type hawaïen) sont dus à l'empilement de laves fluides qui empruntent aussi des fissures sans formation de cratère. L'Aubrac et le volcan réunionnais de la Fournaise appartiennent à cette catégorie. L'érosion a dégagé des culots et des necks dans les cheminées (site du Puy), des dykes ou filons durs (roches Sanadoire et Tuilière), découpé les planèzes (plaines basaltiques), creusé des ravins sur les flancs des volcans. Les lacs de cratère (lacs Pavin, Chauvet, gour de Tazenat) ou les formations d'orgues basaltiques (Bort-les-Orgues) dues à la contraction de la lave en prismes constituent des sites naturels attractifs.

Un tourisme culturel

☐ Les activités pastorales, fondées sur la transhumance et la production fromagère, présentent un intérêt touristique à travers la découverte des hauts pâturages et des burons (habitat d'estive), en raison de la richesse de la flore et des forêts.

☐ Les différentes roches volcaniques, du basalte à l'andésite (pierre de Volvic), sont les matériaux de base des maisons rurales, des remarquables églises romanes, des châteaux d'Auvergne et des villes d'art. Un tourisme de circuit associe nécessairement une visite de ces bâtiments à celle des sites volcaniques.

☐ Le thermalisme est lui aussi lié aux phénomènes volcaniques. Les départements de l'Allier et du Puy-de-Dôme possèdent le tiers du capital thermal français.

Le Puy de Côme

■ Types de volcans

Volcan égueulé

Volcan emboîté

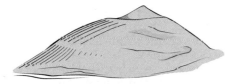

Volcan à dôme

■ Le Parc naturel des volcans

Ce parc naturel régional, le plus vaste de France, couvre cinq régions naturelles : la chaîne des Puys, le Sancy, les plateaux volcaniques du Cézallier (prairies naturelles), les monts du Cantal, l'Artense (granite, landes, tourbières).

Centres d'information, gîtes d'étapes, itinéraires balisés facilitent le tourisme de randonnée. Le siège du Parc est au château de Montlosier, près du lac d'Aydat.

Le parc comprend sept maisons : la Gentiane (Riom-ès-Montagne), les Fromages (Égliseneuve-d'Entraigues), le Buronnier (Belles-Aigues, vers Laucissière), la Pierre (Volvic), l'Eau et la Pêche (Besse), la Faune (Murat), le centre des Tourbières (Saint-Alyre-ès-Montagne).

Exemple de circuit type dans les monts Dôme. Il permet de connaître les différents types de volcans, de découvrir la cheire d'Aydat, coulée de lave des puys de la Vache qui a créé le lac du même nom, il est aussi possible de visiter Royat (station thermale) et Clermont-Ferrand (art roman, musées).

155

ÉCONOMIE
INFRASTRUCTURES
TOURISME CULTUREL
TOURISME BLEU
TOURISME VERT
TOURISME MONTAGNARD

Le tourisme alpin

Pour l'hébergement, les infrastructures touristiques, la facilité des communications, les flux de visiteurs, les Alpes sont au tout premier rang des régions françaises, l'hiver comme l'été. La beauté et la variété des sites alpestres, la diversité climatique expliquent la prépondérance du tourisme sportif et de découverte.

Les atouts naturels

☐ Les Alpes du Nord, humides et verdoyantes, présentent, d'ouest en est, quatre zones parallèles. Du Vercors au Chablais, les Préalpes sont d'énormes bastions calcaires avec des sites de gorges sauvages, de crêts et de falaises abrupts. Le sillon alpin, creusé par les glaciers et occupé par l'Arly, l'Isère et le Drac, offre ses riches cultures et ses prairies. De l'Oisans au mont Blanc, les massifs centraux, granitiques, ont des sommets arrondis ou déchiquetés en pics et quelques glaciers. Enfin la zone schisteuse des hautes Alpes plissées offre des panoramas grandioses.

☐ Les Alpes du Sud, de relief plus confus, dépassent rarement 1 000 m d'altitude. Méditerranéennes, elles sont plus sèches et plus lumineuses que les Alpes du Nord. Les Préalpes y occupent une place considérable, avec leurs paysages de calcaire dénudé ou de garrigues, leurs sommets imposants (mont Ventoux), leurs canyons (Verdon, Var). Le Mercantour cristallin a des reliefs en arrondi ou en aiguilles.

☐ Réserves et parcs naturels facilitent la découverte de la faune, de la flore et des milieux montagnards typés. Trois parcs naturels sont nationaux (Vanoise, Écrins et Mercantour) et trois sont régionaux (Vercors, Queyras, Lubéron).

Le tourisme sportif

☐ Les sports d'hiver bénéficient d'une gamme remarquable de stations de divers types : greffées à des villages traditionnels (Megève, Morzine), créées *ex nihilo* dans la zone des alpages (L'Alpe-d'Huez, Val-d'Isère) et, à partir des années 60, entre 2 000 et 3 000 m (Les Arcs, Avoriaz, Les Menuires), ce qui facilite le ski d'été. La tendance actuelle privilégie les stations villages (voir p. 146).

☐ Les sports d'été sont liés à un tourisme de séjour dont les infrastructures sont d'un excellent niveau (hôtellerie, résidences, campings). Les sports nautiques sont possibles sur les nombreux lacs (Annecy, le Bourget, Serre-Ponçon). L'alpinisme a sa capitale à Chamonix. Les randonneurs bénéficient des sentiers de grande randonnée balisés et des refuges : le GR 5 traverse les Alpes du lac Léman à Nice ; d'autres sentiers permettent de faire le tour du mont Blanc, de l'Oisans, de la Vanoise.

Le tourisme des sites et des paysages

Sous sa forme verte, ce tourisme de découverte correspond à la randonnée et au cyclotourisme. Sous sa forme automobile, il utilise un réseau d'autoroutes d'accès et de traversée, de routes panoramiques et de routes secondaires pittoresques.

Les autres tourismes

Ce sont le thermalisme (Aix-les-Bains, Évian, Gréoux, Digne), le tourisme culturel (villes d'art, villages de montagne, habitat rural, festivals) et même le tourisme viticole (vignes de Savoie, clairette de Die).

LES ALPES ET LE MONT BLANC

■ Carte des Alpes

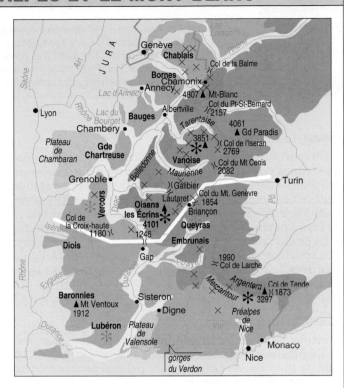

━━ 100 km ━━

massifs centraux

hautes Alpes plissées

Préalpes

plateau de cailloutis

cluse, vallée, bassin

× principale station
   de sports d'hiver

✳ parc naturel régional

✳ parc naturel national

limite entre les Alpes du
Nord et les Alpes du sud

■ Chamonix et le mont Blanc

À partir de Chamonix, célèbre station d'alpinisme et de ski, on peut emprunter le petit train de la mer de Glace et les téléphériques du Brévent et de l'aiguille du Midi. Les sites sont inoubliables ! On peut aussi faire le tour du mont Blanc à pied en 4 jours, traverser la chaîne en empruntant le tunnel, puis le téléphérique pour le retour d'Italie (Helbronner-Chamonix), on peut enfin entreprendre de multiples randonnées.

ÉCONOMIE
INFRASTRUCTURES
TOURISME CULTUREL
TOURISME BLEU
TOURISME VERT
TOURISME MONTAGNARD

Le tourisme pyrénéen

La « **frontière sauvage** » séduit grâce à ses massifs altiers, ses sites montagnards, la variété de ses paysages. L'isolement des vallées, leur diversité culturelle, les activités pastorales sont des attraits indéniables ; mais les Pyrénées, ce sont aussi les foules de Lourdes, l'art préhistorique, l'art roman et le thermalisme.

Le tourisme sportif

☐ On rencontre dans les Pyrénées deux grands types de stations de sports d'hiver : les stations de vallées, qui utilisent un domaine skiable au-delà de 1 500 m (Luchon et Superbagnères, Saint-Lary et le Pla-d'Adet) et les stations hautes, créées *ex nihilo* pour bénéficier d'un enneigement plus régulier (Gourette, la Mongie, Arette-Pierre-Saint-Martin, Pyrénées 2000 et Formiguères au nord de Font-Romeu). Dans la zone de Font-Romeu et à Payolle, vers le col d'Aspin, on pratique le ski de fond.

☐ En ce qui concerne les sports estivaux, les villes thermales et les stations de vallées sont bien équipées en hôtels, villages de vacances, campings et infrastructures sportives. Les villes et les villages des vallées constituent des centres ou des étapes pour la pêche, l'alpinisme, la spéléologie, le tourisme de randonnée : le GR 10 permet ainsi la découverte des Pyrénées, du Pays basque à Banyuls.

Le thermalisme

Une très ancienne tradition thermale, d'origine gallo-romaine, explique l'ampleur du thermalisme pyrénéen, notamment au siècle dernier. Une architecture attachante faite de thermes, de casinos et de palaces subsiste de nos jours. Grâce à la réactivation des stations classiques par la pratique des cures et le nouveau tourisme de santé, le thermalisme attire près de 200 000 personnes chaque année.

Le tourisme de paysages et de sites

☐ La haute montagne offre ses cols rendus célèbres par le Tour de France (Tourmalet, Aubisque), la vision des massifs et des pics, les innombrables lacs et cascades, les cirques glaciaires (Gavarnie, Troumouse). Le parc naturel national des Pyrénées occidentales et la réserve naturelle du Néouvielle, contigus au parc espagnol d'Ordesa, renferment 300 km de sentiers et 30 refuges et cabanes, une flore d'altitude riche et rare (du lys des Pyrénées aux pins à crochets), une faune spécifique (isards, genettes, vautours, dont le gypaète barbu, et une trentaine d'ours).

☐ Le tourisme automobile emprunte les routes des vallées transversales et, d'ouest en est, des itinéraires difficiles, mais superbes, jalonnés de cols (Aubisque, Tourmalet, Aspin, Peyresourde, Portet d'Aspet, Port) et de stations estivales animées. Plus au nord, l'autoroute Bayonne-Tarbes facilite l'accès aux vallées transversales.

Le tourisme culturel

☐ Les Pyrénées sont basques à l'ouest, gasconnes au centre, catalanes à l'est, d'où les différences de langue, la diversité des maisons rurales, des villages, des fêtes et des jeux. L'unité vient des activités agropastorales dominantes.

☐ L'art est omniprésent : grottes préhistoriques, chefs-d'œuvre romans, abbayes catalanes, châteaux médiévaux (circuit des châteaux cathares).

LES PYRÉNÉES

■ Carte des Pyrénées

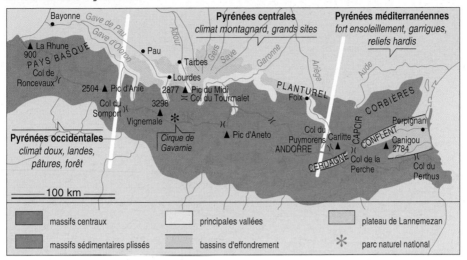

■ Un circuit de trois jours à partir de Lourdes

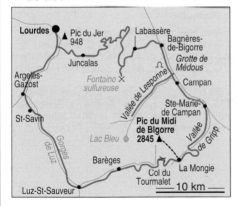

Ce circuit permet une bonne découverte des Pyrénées centrales.

Premier jour

Lourdes, ville de pèlerinage et pic du Jer, excursion classique ; route Lourdes-Bagnères (bois, panoramas, fontaine sulfureuse, village de crête de Labassère, donjon) ; Bagnères-de-Bigorre, élégante station thermale (vieille ville, musées, établissement thermal rénové) ; grotte de Médous (parcours de 1 km dont une partie en barque, stalactites et stalagmites) ; hébergement à Bagnères.

Deuxième jour

Vallée de Lesponne, fraîche et pittoresque, et excursion pédestre au lac Bleu (altitude 1 944 m, 4 h aller et retour) ; villages de Campan (église et halle XVIᵉ siècle) et Sainte-Marie-de-Campan ; vallée du Gripp ; La Mongie, station de ski et centre d'excursions ; hébergement à La Mongie.

Troisième jour

Pic du Midi de Bigorre (superbe panorama) ; fameux col du Tourmalet (panorama) ; Barèges, ville thermale et station de ski couplée avec La Mongie ; Luz-Saint-Sauveur (église fortifiée, XIIᵉ-XIVᵉ siècle, musée) ; Saint-Savin (église romane fortifiée) ; Argelès-Gazost, ville thermale et résidentielle (d'où on peut rejoindre le stade de neige de Hautacam, à 20 km à l'est, et visiter le village aux cinq moulins d'Artalens) ; retour à Lourdes.

Crédit photographique

Couverture : C. Peyroutet

p. 31 : D.R. ; **p. 35** : D.R. ; **p. 49** : Scope / J. Sierpinski ; **p. 59** : Scope / C. Bowman ;
p. 63 : Scope / D. Faure ; **p. 67** : Scope / J.D. Sudres ; **p. 69 g** : Scope / C. Bowman ;
p. 69 d : Pix / J.C. Meauxsoone ; **p. 73 h** : Scope / J. Guillard ; **p. 73 b** : Scope / J.L. Barde ;
p. 79 : Pix / H. Hémon ; **p. 81** : Pix ; **p. 85** : Scope / C. Bowman ; **p. 87 h** : Scope / N. Hautema-
nière ;
p. 87 b : A. Le Toquin ; **p. 89 h** : Pix / G. Halary ; **p. 89 b** : G. de Sagazan – © Spadem 1995 : Le
Corbusier ; **p. 91** : Pix / J.C. Protet ; **p. 97** : FNAC / F. Delpech ; **p. 119** : Scope / J. Sierpinski ;
p. 127 b : Scope / J. Guillard ; **p. 127 h** : Scope / J.D. Sudres ; **p. 147 h** : Pix / Adenis ;
p. 147 b : Pix / Toulouse Rémy ; **p. 155** : Bios / D. Decobecq ; **p. 157** : Pix / F. Guiziou.

Édition : Cécile Geiger
Secrétariat d'édition : Christine Le Thénaff
Maquette : Primart
Cartographie : Gilles Alkan
Iconographie : Bernadette de Beaupuis
Maquette de couverture : Favre - Lhaik
Illustration de couverture : Guillaume de Montrond – Arthur Vuarnesson
Fabrication : Jacques Lannoy

Achevé d'imprimer en France par CLERC S.A. - 18200 Saint-Amand-Montrond
N° projet : 10107002 - C2000 - août 2003 - N° imprimeur : 8166